健美操教学平台的设计与应用研究

戴　兵◎著

吉林出版集团股份有限公司
全国百佳图书出版单位

图书在版编目（CIP）数据

健美操教学平台的设计与应用研究 / 戴兵著. -- 长春：吉林出版集团股份有限公司, 2023.11

ISBN 978-7-5731-4448-5

Ⅰ.①健… Ⅱ.①戴… Ⅲ.①健美操－教学研究
Ⅳ.①G831.32

中国国家版本馆CIP数据核字（2023）第213122号

JIANMEICAO JIAOXUE PINGTAI DE SHEJI YU YINGYONG YANJIU

健美操教学平台的设计与应用研究

著　者	戴　兵	
责任编辑	杨　爽	
装帧设计	马静静	

出　版	吉林出版集团股份有限公司
发　行	吉林出版集团社科图书有限公司
地　址	吉林省长春市南关区福祉大路5788号　邮编：130118
印　刷	北京亚吉飞数码科技有限公司
电　话	0431-81629711（总编办）
抖音号	吉林出版集团社科图书有限公司　37009026326

开　本	710 mm×1000 mm　1 / 16
印　张	11.75
字　数	197 千
版　次	2024 年 4 月第 1 版
印　次	2024 年 4 月第 1 次印刷

书　号	ISBN 978-7-5731-4448-5
定　价	86.00 元

如有印装质量问题，请与市场营销中心联系调换。0431-81629729

前　言

　　健美操是一项新兴体育项目，集体操、音乐、舞蹈、美学等于一体，拥有多元化的价值和独特的魅力，因而自传入我国后便风靡各大城市，并逐渐向学校教育领域渗透，受到广大学生的喜爱。健美操运动符合广大学生的身心发展特点，其不仅能够增强学生体质，提高学生身体健康水平，还能培养学生的心理素质、审美能力、创新能力以及人文素养，从而对促进学生健康成长、全面发展，可见健美操是实现素质教育目标的重要内容与手段之一。

　　在素质教育深化改革的背景下，各级各类学校积极引进健美操项目，开设健美操课程，并在校园运动会、联欢会中安排健美操表演活动，使得健美操在校园逐渐盛行起来。但由于健美操在我国起步相对较晚，且在实践中遇到一些影响教学的问题，如教学平台单一，以传统课堂教学为主，缺乏创新；学校健美操软件和硬件资源的数量与质量不能满足实际需求；与现代教育理念和教育技术的融合不紧密；等等，从而制约了健美操运动在学校的普及和发展。对此，必须加快推进健美操教学平台的创新设计与有效利用，在优化传统教学平台和课程体系的同时，结合现代教育理念和互联网技术创建先进的教学平台，健全平台功能，提高实际应用效果。基于此，作者在查阅大量相关著作文献的基础上，精心撰写了本书。

　　本书共六章，第一章是健美操概论与发展，阐述健美操运动的基本知识，并对其发展概况及校园普及策略展开分析。第二章是健美操课程建设与教学理论，提出为健美操课程建设提供科学依据的理论基础，指明健美操课程资源开发利用的方法，并构建了健美操教学的基本理论体系，从而为学校开设健美操课程、实施健美操教学提供理论指导。第三章是健美操教学硬件与软件资源建设。教学硬件和教学软件是影响健美操教学效果的两大因素，兼顾硬件和软件资源建设，优化硬件和软件资源条件，对促进健美操教学的顺利实施及提高教学效果具有重要意义。第四章与第五章分别是健美操教学模式和教学方法的设计与应用，不仅分析了健美操常规教学模式和教学方法的应用，还提出了教学模式、教学方法改革与创新的建议，最后对创新性教学模式与教学方法的设计与应用进行了研究。第六章是教育信息化背景下健美操网络教学平台设计与应用。随着互联网技术在教育领域的不断渗透，教育信息化进程不断加快，在教育信息化背景下将现代信息技术运用于健美操网络课程和教学平台的开发中，对培养学生的学习兴趣和提高教学效率具有重要意义。

总体而言，本书具有以下两个重要特点：

第一，系统性。本书重点研究健美操教学平台设计与应用，围绕这一主题，首先分析健美操基本理论与发展情况；其次探讨健美操传统课堂教学平台建设，包括课程建设、课堂教学理论、教学资源建设、教学模式与方法设计等。整体而言，本书结构合理，逻辑清晰，层层推进，具有鲜明的系统性。

第二，实用性。本书不但研究健美操教学平台设计与教学实施的基本理论，而且提出了具体的课程建设方案、教学平台设计与优化策略以及应用建议，基于理论强调实践应用，具有非常重要的实用价值。

总之，本书主要围绕健美操教学平台的设计与应用展开研究，既探讨了传统课堂教学平台的改革与优化，也结合现代信息技术设计了新颖的教学平台和课程。期望本书能够为优化健美操各种教学平台的实际应用效果、提升健美操课程教学水平以及促进学生全面发展作出贡献。

本书在撰写过程中参考并借鉴了很多专家、学者的研究成果，在此表示诚挚的感谢。由于作者水平有限，书中难免有不妥与疏漏之处，敬请广大读者批评指正。

作　者
2023 年 7 月

目　录

第一章 | 健美操概论与发展

　　健美操是一项融体操、舞蹈和音乐于一体的新兴体育项目，其动作丰富、变化繁多、新颖独特，具有健、力、美的特征，并兼具多种功能，对促进人身心健康、提升审美能力以及发展人文素养具有重要意义。现在，健美操运动以其独特的魅力风靡世界，吸引了众多人参与，彰显了强大的生命力和无限的活力。将这项运动引进我国，尤其是引进校园，能够给校园增添活力，营造青春活泼的氛围，并促进学生身心健康与全面发展。本章主要对健美操基本理论与发展进行研究，主要内容包括健美操的概念与分类、健美操基本术语、健美操音乐文化、健美操的发展历史与展望、校园健美操的普及与发展。

第一节 健美操的概念与分类

一、健美操的概念

健美操的概念可以表述为，健美操是融音乐、体操、舞蹈、美于一体，以身体练习为基本手段，以有氧运动为基础，通过徒手、手持轻器械和用专门器械的操化练习达到增进健康、塑造形体、丰富生活、陶冶情操等目的的一项新兴娱乐、观赏型体育运动项目。[①]

健美操是从传统有氧健身运动发展而来的，它是一项全身性运动，以中低强度为主，且持续一定时间，是健身者增强心肺功能、提升有氧耐力水平的重要手段。健美操运动动作丰富，而且富于变化，但与动作难度和竞技性强的运动相比不是很大，学起来相对容易。再加上这项运动对场地器材要求不高，对参与者的性别、年龄没有限制，所以吸引了众多人参与。参与这项运动既能锻炼身体各部位的关节、肌肉，提高身体健康水平，又能塑造优美体型和良好体态，还能提升心理健康水平，可见，健美操具有健身、健心和健美等多重价值。健美操既是一项大众健身项目，又是一项竞技运动，兼具健身性和竞技性，此外，器械健美操的出现又使健美操运动具有了娱乐性和观赏性。

二、健美操的分类

健美操和很多体育运动一样都是兴起于大众健身及娱乐活动。随着健美操运动的不断发展，逐渐融入了表演和竞赛的元素，健美操的内容与表现形式越来越丰富和多变，分类方法也逐渐增多。

通常采用的分类方法是按照健美操运动的目的和任务进行分类，将健美操运动分为健身健美操、竞技健美操和表演健美操三种类型。

[①] 徐裴，韩颖，徐立宏.高校时尚健美操运动教学理论与实践[M].北京：光明日报出版社，2015.

（一）健身健美操

健身性健美操是健美操最基础的形式，又称为"大众健美操"，是一种同时具备娱乐和健身功能的健美操形式，动作一般比较简单，适合大部分人群，因此也被称为"群众性健美操"。普遍认可的关于健身健美操的概念为：健身健美操是以身体锻炼为基本手段，随着音乐的伴奏进行的一种增进身体健康、愉悦身心的一项体育健身项目。

（二）竞技健美操

竞技健美操是在音乐的伴奏下，能够表现连续、复杂、高强度成套动作的运动项目。成套动作必须由七种基本步伐以及难度、过渡连接、同伴协作等动作组合成成套动作来进行展示，展示过程中注重动作的连贯性和流畅性，对力量、柔韧性的要求都非常高。竞技性健美操的步伐也有着严格的规范和标准。作为一种竞技项目，竞技健美操强度较大、难度较高，想要在比赛中获胜，各个队伍必须不断设计并完成复杂、新颖的动作。

（三）表演健美操

随着人们对健美操运动认识程度的不断加深，健美操的分类也越来越多样化，除了传统的健身健美操和竞技健美操，表演健美操也成为一种新颖的健美操运动种类。

表演健美操是以表演的形式将健美操动作呈现给观众。为迎合表演需要，竞技健美操的动作除了难度要求之外，还要追求动作的美感和节奏，比如可以在健美操运动中加入一些现代舞和艺术体操的动作，以丰富动作种类，使其更具观赏性，也要非常注意健美操动作和音乐的匹配程度，最好能够根据动作的要求特殊改编音乐以提高匹配程度。表演健美操的创意、美感和思想都需要通过表演者的肢体动作和眼神、表情等表现出来，所以对表演者的表现能力和情绪感染力有比较高的要求。表演健美操可融合各类元素，包括街舞、爵士舞等，一般节奏轻快活泼、动作精彩、队形多变，能够通过表演展现表演者们健美、自信的精神体貌，近年来不断出现在各种舞台表演和文艺汇演中。

第二节 健美操基本术语

一、健美操术语概述

（一）健美操术语的概念

健美操术语是人们在健美操发展过程中经过不断总结提炼，最终归纳出来的用来描述健美操运动中的动作名称、动作过程等的专业语言。其以专业、准确、简明的优点在健美操运动中占有重要地位，无论是日常健身、运动训练、还是上场竞赛和进行科研，都会用到这种专业交流工具。

（二）健美操术语的特点

1. 科学性

健美操术语具有科学性。健美操术语需要准确描述健美操的动作要求和比赛规则，必须非常严谨，描述必须只有一种含义而不能有歧义，这样才能便于运动者理解动作和比赛规则。

2. 一致性

健美操术语具有一致性，作为传递信息、促进交流的语言工具，健美操术语在训练时的技术指导、比赛时的规则制定和平时的学术沟通中被广泛使用。不一致的术语容易给人们带来理解差异，加大理解、交流的难度，只有具有一致性的术语才能促进健美操运动的发展。

3. 实用性

健美操术语必须具有实用性。健美操的理论知识最终是需要落实到实践中去的，所以健美操术语必须具有通俗易懂的特点，健美操的运动者们除了专业的运动员，还有业余的健身爱好者，通俗易懂的健身操术语便于各种运动群体的理解和记忆，有利于健身操运动的繁荣发展。

(三)健美操术语的构成

1. 学名术语

开合跳（Jumping jack）、单足转体720°（2/1 Turn）等词语就是健美操学名术语，其特点是由动作基本术语组成，一般由动作开始姿势、动作部位、身体形态、动作方向、动作做法、动作数量、动作相互关系和结束姿势位置等部分构成。

2. 音译术语

恰恰步（Cha Cha）、桑巴步（Samba）等词语是健美操音译术语，健美操的发源地是美国，后来才逐渐风靡世界，我国在引入健美操运动的过程中将一些健美操术语直接根据英文发音引入进来，就形成了健美操音译术语。

3. 命名术语

托马斯（Flair）、塔玛诺（Tamaro）、科萨克跳（Cossack jump）等词语是健美操命名术语，是国际健美操联合会根据历届举行健美操世界大赛的一些国家、地区、民族或一些表现出色的运动员的名字命名而成的术语。

4. 形意术语

钟摆跳（Swing）、十字步（Cross step）等词语是健美操术语中的形意术语，形意术语就是根据健美操动作的表现方式，找到与其相似的一些常见物体运动，并用常见的物体运动来描述健美操动作的命名方式。

5. 俗称术语

燕子、旋子等词语就是健美操术语中的俗称术语,这两个词语是从中国舞中引用到健美操术语中的,所以俗称术语一般就是从大众通用的词语或者正在流行并且成型的词语中引进的,其优势是通俗易懂、群众基础广泛。

6. 符号术语

健美操的符号术语类似于象形文字,是通过使用一些比较形象、好懂的图形文字来描述健美操的动作,对于专业人士来说,具有直观、快速的优点,但是业余人士辨认起来存在一定困难,所以多用于裁判和科研活动中。

二、健美操基本术语

(一)场地方位术语

一般借鉴舞蹈中的基本方位术语来说明健美操运动中人的身体在场地上所处的方位。把开始确定的某一边(主席台、裁判席)定为基本方位的第一点,按顺时针方向,每45°为一个基本方位,将场地划分为1、2、3、4、5、6、7、8点,共8个基本方位(图1-1)。

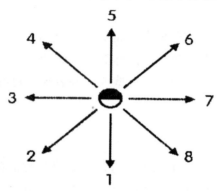

图1-1 健美操场地方位

图 1-1 中，从 1 点到 8 点分别表示的方位如下：

1 点表示正前方。

2 点表示右前方。

3 点表示正右方。

4 点表示右后方。

5 点表示正后方。

6 点表示左后方。

7 点表示正左方。

8 点表示左前方。

（二）运动形式术语

健美操常见运动形式术语如下：

举：指手臂或腿向上抬起，停在一定位置，如侧平举、举腿。

屈：身体某一部分形成一定角度，如屈腿、双臂胸前平屈。

伸：身体某一部分形成一定角度后伸直，如伸臂、侧伸。

摆：肢体在某一平面内由一个部位运动到另一个部位，不超过180°，如摆臂、后摆。

绕：身体某部分转动或摆动180°以上（360°以上称绕环），如绕髋、肩绕环。

踢：腿由低向高做加速有力的摆动动作，如剪踢、弹踢。

交叉：肢体前后或上下交叠成一定角度，如十指交叉、交叉步。

转体：绕身体纵轴转动的动作，如单脚转体、水平转体。

平衡：用一只脚支撑地面，身体保持一定的静止姿态，如侧控腿平衡、燕式平衡。

水平：身体保持与地面平行的一种静止动作，如分腿水平支撑、水平肘撑。

波浪：指身体某部分邻近的关节按顺时针做柔和屈伸的动作，如手臂波浪、身体波浪。

跳跃：双脚离地，身体腾空并保持一定的姿势，如团身跳、开合跳。

劈叉：两腿分开成直线着地的姿势，如横叉、纵叉。

梗：下颌内收、颈部伸直的动作，如梗头。

提：由下向上做运动，如提臀、提肩。

沉：身体某部分放松下降的动作，如沉肩、沉气。

含：指两肩胛骨外开，胸部内收，如含胸。

挺：一般指胸部或腹部向前展开，如挺胸、挺腹。

振：身体某部位弹性屈伸或加速摆，如振胸、振臂。

收：向身体正中线靠拢或还原到起始位置，如收臂、收腿。

三、健美操术语的运用要求

（一）规范完整

健美操术语广泛运用于健美操的教学素材、论文专著、赛事规则等领域，是推动健美操理论文化传播与交流的重要语言工具。健美操术语承担着正确传递健美操文化，促进世界各地健美操文化交流和发展的重要使命，因此必须严谨、规范、完整地使用健美操术语，防止将错误的知识传播出去误导他人。

（二）简明清晰

完全标准的健美操术语虽然能满足准确度的要求，但是通常也会有冗长复杂的缺点，在一些对描述方式要求不那么严格的情况下，可以在保证内容完整、描述清晰、格式规范的前提下，采用更加简洁明了的健美操术语进行表达。如教师备课或者健美操教练制订健美操练习计划，就可以用简单的动作名称加上形意术语表述，这样既省时省力，又清晰明了。除此之外，利用一些线条画、图片、视频等代替冗长的标准表述，也不失为一种简单高效的方法。

（三）方便快捷

健美操术语的其中一个要求就是要方便使用者，使使用者能在时间比较紧张的情况下，快速准确地记录相关事项。如裁判员在赛场上的时间就比较紧迫，需要在运动员做动作的时候记录下成套的动作，记录下各个动作的难度程度，以及一套体操动作的艺术性，这样才能根据运动员的多方面表现公平打分。通常在赛场上，负责记录动作完成情况的裁判员会通过使用难度和技巧符号评定运动员的动作完成情况，负责记录动作难度的裁判员会使用符号代表不同的难度等级，负责评定动作艺术性的裁判员则会运用成套动作内容符号评定动作的艺术性。因此人们在使用健美操术语的时候可以本着方便快捷、提高工作效率的原则灵活使用。

（四）形象易懂

健美操术语除了要方便使用者，也要方便学习者。人们在学习健美操时，理论知识的学习通常只占总体时间的一小部分，更重要的部分是实践和练习。因此在使用健美操术语进行教学时，使用的术语尽量要形象易懂，保证学生能在短时间内快速领悟动作结构和技术要领，节省理论学习的时间。此外，教师在教学过程中还可以提供分解动作的图片或者视频供学生观看，给学生更加清晰直观的印象。通俗又形象的描述方式能够使学生感知动作内在的本质要求，有利于加深对健美操动作的理解和记忆。

（五）灵活变通

健美操运动动作种类繁多，但是因为基本步伐只有七种，所以很多动作不免有相似之处。相应地，健美操术语也有交叉重叠的部分，这无疑会给教学中简称动作名称带来一定的麻烦。所以在使用健美操术语的时候，虽然要以标准为主，但是也要学会灵活应用，比如在教学中就可以按照"先正式后简称"的方式解决这个问题。所谓的先正式就是指在教学刚开始的时候，教师要先正式告诉学生每个动作的标准描述，使学生构建正确的动作概念，而后在学习中后期使用术语简称，学生此时已经了解该动作的正式描述并且对动作比较熟悉，不容易产生误解，为了方便教学，教师可以使用一些比较简略的术语，如可直接用口令"V"或手势"V"来提示动作，这样能节约教学时间，提高教学效率。

图1-2 健美操术语运用要求

第三节 健美操音乐文化

一、音乐对健美操的影响

需要音乐配合才能进行是健美操运动区别于其他体育运动的一大特征，音乐在健美操运动中占据着非常重要的作用。音乐可以增加健美操运动的趣味性和艺术性，相比单一的动作具有更直观的表现力，音乐还能渲染气氛、感染情绪、引起共鸣。音乐是健美操的灵魂，能从多方面影响健美操运动。

（一）音乐和动作

健美操运动中的音乐和动作是相辅相成、互相配合的关系。在进行健美操创编时，可以先构思动作再选择音乐，也可以根据音乐构思动作，但终究动作和音乐必须保证你中有我、我中有你。健美操的音乐还能突破动作表现力的有限性，将动作要表达的情感和思想通过音乐的形式表达出来，增强动作的表达效果。

（二）音乐和节奏

健美操音乐节奏的快慢基本上决定着动作节奏的快慢，不同类型的音乐配合的动作也不尽相同。一般来说，音乐节奏越快的作品，动作变化的节奏越快，动作的强度也更大，反之，节奏缓慢的音乐一般配合的是比较轻缓的动作。

（三）音乐和风格

音乐的形成受到主客观因素的影响，一般我们可以从音乐中了解到历史背景、人物情感等信息，在为健美操配乐时要选择和动作风格相适宜的音乐作品，所以我们一般根据健美操的配乐风格就能想象健美操动作的风格。

二、健美操音乐的类型

（一）爵士乐

爵士乐诞生于 19 世纪末 20 世纪初，最初发源于美国，是广泛流行的美国民间音乐。爵士乐是一种融合了非洲、欧洲和南美洲音乐元素的风格多样的音乐形式。爵士乐是一种"喜庆"的音乐，经常表现出喜悦的氛围，感染力很强，通常情况下就算表达哀伤也会采取比较隐晦的方式。

爵士乐有很多鲜明的特点，比如，由很多连续不断的切分节奏构成完整旋律；音乐表演形式一般是即兴表演；具有鲜明强烈的音色；和声非常丰富；节奏变化多端；采用强有力的打击乐器；等等。

（二）摇滚乐

摇滚乐是非常流行的一种音乐类型，一般以乐队的形式出现。摇滚乐是从爵士乐发展而来的，它继承了爵士乐的很多特点，如即兴表演、具有爆发性的打击乐器等。不同的是摇滚乐的节奏有快有慢，相同的节奏会反复出现，给人一种强烈的摇摆的感觉。

（三）电子音乐

电子音乐是另一种常见的健美操音乐类型。电子音乐的节奏感强，富有动感，能够让运动者感受到强烈的节奏冲击。演奏方式上，电子音乐采用合成器、电子琴等电子设备，可以创造出丰富的音效和节奏。在健美操比赛中，电子音乐通常能够让运动员更好地展现自己的技巧和活力。

（四）轻音乐

轻音乐 不是一种真正意义上的音乐类型，它泛指所有节奏轻松愉快、曲调生动活泼、内容简单明了的音乐。轻音乐的范围十分广泛，爵士乐、摇滚乐、迪斯科也可以算在轻音乐的范围内，我们大致可以将轻音乐划分成五个类型，分别是：
（1）轻松活泼的舞曲；
（2）电影音乐和戏剧配乐；
（3）通俗歌曲及流行歌曲；
（4）日常生活中的舞蹈音乐和民间曲调；
（5）轻歌剧。

三、健美操音乐的选配

（一）根据健美操风格选配音乐

健美操运动深受广大人民群众的喜爱，参与健美操运动的人分布在各个地区，包括各个年龄段的爱好者。在现代健美操运动创编中，参与者的个人情况是一个非常重要的创编依据。可以根据参与人群的年龄分布创编适合各个年龄段参与的健美操运动，如儿童健美操、青少年健美操、中老年健美操，它们的风格有明显的不同，根据各自的风格特征选配音乐能够更好地推广各类健美操，吸引适龄人群参与。例如，儿童健美操适合搭配节奏欢快的音乐；青少年健美操适合搭配热情洋溢、青春动感的音乐；中老年健美操适合搭配节奏舒缓、速度缓慢的音乐。根据各类健美操运动的风格选配音乐，要考虑受众的实际情况，要使各类健美操的受众都能在参与过程中获得良好的体验和充分的放松。

（二）根据健美操动作选配音乐

健美操动作有多种分类方法，针对不同类型的动作要选配不同的音乐，如对于低冲击力动作，考虑到这类动作的动作幅度小，所以适合选择慢速或中速音乐；对于高冲击力动作，如跳跃、踢腿等，适合搭配高速音乐。

健美操动作速率也会影响对音乐的选配。如果一套健美操 10 秒内有 16 ~ 18 拍，动作节奏慢，适合选择慢速音乐；如果有 24 ~ 26 拍，动作节奏快，适合选择快速音乐。

（三）根据参与者的特点选配音乐

健美操是健身锻炼的重要项目之一，人们参与健美操运动，在音乐伴奏下完成动作，放松身心，达到良好的强身健体、愉悦心理及陶冶情操的效果。人们参与健美操运动的健身效果与音乐有很大的关系，音乐选配合适，就能很好地放松身心，健身效果就会增强。对音乐的选配要考虑健美操动作数量、动作强度、动作难度、动作节奏。有些参与者刚开始接触健美操运动，所以选择难度小的动作来练习，而且动作节奏也较慢，针对这类参与者所选择的音乐应该节奏明快、速度舒缓。有的参与者有一定的运动基础，选择难度较大、动作节奏较快的健美操套路动作来练习，对于这类参与者，选配的音乐应节奏较强烈。

第四节　健美操的发展历史与展望

一、健美操运动的起源

健美操最开始是由一名叫库伯尔（Cooper）的医学博士在 1968 年设计的，其目的是配合"太空人"进行体能训练，最早进行这项运动的人是美国太空署的宇航员们。后来在发展的过程中，人们逐渐将音乐和各种运动器材加入运动里，丰富了这项运动的形式。因为其具有独特的律动性和简单易学的特点，越来越多的人开始将其视为一项运动，健美操也慢慢独立成为一项专业的运动体系。

"简·方达健美操"的出现标志着健美操真正成为一项独立的体育运动。20 世纪 70 年代末，一位名叫简·方达的美国女性，总结了自己平时的运动经验和体会，并且将其编写成书，刻录成录像带进行传播。这就是现代健美操的雏形，她也因此被人们认为是现代健美操的创始人之一。"简·方达健美操"颇受人们的喜爱和追捧，1981 年简·方达的书和录像带出版以后，迅速在世界各地传播，被翻译成 20 多种文字，风靡 30 多个国家。

之后，在原有的徒手健美操运动的基础上，简·方达又对其进行发展和改良，通过加入踏板这种运动器材的方式，创造出了"踏板健美操"。"踏板健美操"是在徒手健美操的基础上，加入一块特制的踏板，踏板一共有三层，人们可以通过改变踏板高度的方式来调节运动强度。比如，不想改变运动频率的基础上，增加踏板高度就可以增强运动强度；运动频率加快时，可以通过降低踏板高度来保证自身安全。"踏板健美操"以其灵活、多功能的特点，再次推进现代健美操运动的发展。

二、国内外健美操运动的发展历史

（一）国外健美操运动的发展

凭借着其独特的运动方式，超强的律动性和趣味性，以及类似于简·方达式的健美操达人的大力推广，现代健美操自问世开始就吸引众多民众的参与，不仅流行在发源地美国和欧洲等发达地区，因为对场地和器材的限制少，健美操运动在发展中国家也非常流行，逐渐成为一种风靡全世界的时尚运动项目。

随着参与健美操运动的人群的扩大，人们意识到健美操运动需要一定的组织机构负责组织赛事活动、管理健美操事项等工作，因此一些国际性的健美操组织开始出现。除了民众自发成立的组织，各种正式组织也逐渐承认健美操的地位，如国际体操联合会健美操委员会就在 1994 年承认了健美操是一项独立的体操运动，并且在 1995 年举办了健美操世界锦标赛，还为推动健美操运动成为正式的奥运会项目做出了巨大的努力。目前，虽然健美操还未成为一项单独的奥运会运动项目，但是作为体操的一种，健美操可以作为体操运动中的自由操的形式出现。

除了各种非营利性的健美操组织，营利性的健美操组织通过人们对健美操的热情，感受到了健美操运动背后的商机，一些专门提供健美操运动服务的健美操俱乐部纷纷建立起来。这些健美操俱乐部一方面可以为健美操爱好者提供专业的服务和场地，一方面不断创编新的健美操动作、寻找新的健美操运动方式和运动场地。比如，国外流行的水中健美操，就是靠着各种俱乐部得到发展和宣传的。健美操俱乐部的出现，使健美操成为被更多人选择的运动方式，也使健美操在实践中获得新的发展，对健美操的持续发展有着重要作用。

（二）我国健美操运动的发展

健美操运动由于受场地和工具限制较小，学习难度不大，适合人群众多，所以不仅在其发源地美国受到欢迎，在其他国家的流行度也非常高。以我国为例，健美操运动自从传入我国以后，受到广大人民群众的欢迎，在我国得到了繁荣发展。

1. 健身健美操的发展

（1）引进

健美操最早是在 20 世纪 80 年代传入我国，改革开放后，人民的思想逐渐开放，再加上当时国家正在提倡美学教育，人民逐渐开始追求身体的美和健康。1981 年陆保钟和牛乾元在《中国青年报》上发表了文章《人体美的追求》。1982 年，中国青年出版社出版了一本名为《美，怎样才算美》的书，书中介绍了牛乾元编制的"男青年哑铃健身操"和陈德星编制的"女青年健美操"，健美操这一词语开始被迅速使用。

从此以后，健康与美成为重要的社会话题，国家也开始编制体操供人们运动时使用，比如中央电视台就专门播放了《减肥体操》节目。另外在体育工作者的宣传和推动下，我国民众开始接触到体操运动，为之后健美操运动的传入和发展传播奠定了基础。

（2）发展

高校是健美操在我国发展的第一块土地，其中，北京体育学院（现为北京体育大学）为健美操在我国的发展作出了巨大的贡献。比如它在 1984 年成立了健美操研究组，并在 1985 年编制出了"青年韵律操"等 6 套健美操，在全国高校内传播，受到广大高校学生的欢迎。1986 年北京体育学院又编写出版了我国第一部教材用书《健美操》（试用教材），并正式在北京体育学院本科生中开设了健美操选修课。在北京体育学院的成功尝试后，全国多所高校开始将健美操纳入大学生教育大纲之中。健美操以高校人群为基础，快速在中国大地上发展传播。

健美操在高校的尝试得到良好反馈之后，社会群众也开始将其视为新的流行风尚，纷纷参与健美操运动。为了响应人民群众的运动热情，国内开展了一系列的健美操比赛活动。如 1986 年 7 月由北京康华健美康复研究所主办的"康康杯"儿童健美操邀请赛，1987 年 1 月由北京体育学院和北京团市委联合举办的"北京市首届青年韵律操比赛"，1987 年 5 月由上海市举办的"达尔美杯"群众自编健美操电视比赛，1988 年 10 月由全国体育总会群体部、中国老年人体育协会、中国体育报社等单位联合举办的"全国中老年迪斯科健身操（舞）电视大奖赛"，等等。除了举办一系列的比赛活动，为了迎合大众的运动需求，一批健美操俱乐部也纷纷出现，比如 1987 年我国就出现了全国第一家健美操俱乐部——利生健康城，之后又有其他健美操俱乐部在各大城市纷纷涌现。丰富多彩的健美操比赛活动的举办和健身健美操俱乐部的出现反映了我国健身健美操运动的蓬勃发展。

（3）繁荣

进入 21 世纪后，我国健身健美操呈现出欣欣向荣的发展态势，各种健身健美操比赛层出不穷，如 2005 年 4 月清华大学举办"清华大学马约翰杯健美操与健美比赛"；2012 年举办第 1 届全国全民健身操舞大赛，之后每年一次，至 2022 年底已举办了 11 届，该赛事由体育总局体操中心、青岛市人民政府、中国健美操协会主办，全国全民健身操舞推广委员会、赛运体育承办，每年 5—9 月在全国多个省、市举办分区赛，优秀队伍于 10 月份汇聚青岛参加总决赛。此外，全国广场健身操舞运动会也是影响力较大的健身健美操赛事。2023 年 3 月 14 日，"健康中国行——2022 年第五届全国广场健身操舞运动会"成功在厦门举办，国家体育总局体操运动管理中心、中国健美操协会给予大力支持。除了全国性的健身健美操比赛外，各地也纷纷举办大众健身美操比赛，既有专门的健身操舞赛事，也有体育大会或运动会中的健美操比赛。如 2023 年 6 月北京市举办的第十五届北京市体育大会健美操比赛、2023 年 7 月甘肃省举办的甘肃省第五届大运会健美操比赛等。各种比赛的成功举办一方面显示了健美操运动的快速普及，另一方面又继续推进健身健美操运动在我国的发展。

2. 竞技健美操的发展

（1）探索

1984 年，"全国女子健美操邀请赛"在广州举行，比赛简单分为单人组和六人组两个比赛组别，来自全国 8 个省市的 9 支代表队参加了这次比赛。虽然这场赛事比较简单，但是喜爱健美操的观众们还是对此展现出了极大的热情。1987 年，首届"长城杯健美操邀请赛"在北京举办，这场盛大的赛事由国家体委主办，北京体育学院和中央电视台等单位承办，比赛规则由北京体育学院健美操研究组提供，体现了国家对健美操这项运动的支持和重视。本次比赛总共有 30 多支代表队和 200 多名运动员参加，项目有男子单人操、女子单人操、双人混合操、男子三人操、女子三人操和三男三女六人操六种。"全国健美操邀请赛"从此之后成为我国的传统年度体育竞技项目，不过把比赛评定标准改为经过国家体委审定的《竞技健美操竞赛规则》，项目类型也确定为男子单人操、女子单人操、混合双人操、三人操（性别任意搭配）、六人操（三男、三女）5个项目。此外，由于国家对大学生运动的重视，1991年在北京举办了全国首次"大学生健美操、艺术体操大奖赛"，并且为这项赛事制定了专门针对大学生竞技运动特点的赛事规则。

除了举办各种赛事，我国还非常重视健美操运动人才的培养。1986年我国举办了首届"健美操教练员培训班"，由北京体育学院和北京康华康复研究所共同支持。这次培训班培训了来自全国各个城市的200多名学员，为国家培养了一批健美操的精英骨干，为日后竞技健美操运动在我国的顺利开展铺平了道路。

（2）发展和规范

在健美操竞技运动初步探索取得成功之后，我国不断推进健美操竞技事业发展，并且开始对健美操竞技进行规范性修正。

首先，是对比赛规则的修正。1992年，中国健美操协会以当年的《国际健美操联合会竞赛规则》为基础，结合我国健美操竞技开展的现实情况，决定开始采用大分值评分法；1996年1月，参照国际体操联合会、国际健美操联合会、国际健美操冠军联合会的3部国际竞赛规则，并结合我国的具体情况对竞技健美操竞赛规则又一次进行了修改；1999年全国健美操锦标赛上首次采用了国际体联1998—2000年版《国际健美操竞赛规则》。

其次，我国专业的健美操组织结构也逐渐走向规范化。1995年和1996年分别成立了健美操裁判委员会和教练员技术委员会。两个专业委员会的成立，有力地加强了健美操项目的专业化管理，调动了各地骨干的积极性。1997年健美操项目归属体操中心，同年举行了"全国健美操锦标赛暨全国健美操运动会"。

最后，我国的竞技健美操运动并不是封闭地发展，而是积极地参与国际健美操活动，并且与以日本为代表的众多国家进行了友好亲密的交流活动。1987年，我国派出国内健美操竞技实力最强的北京体育学院代表队到日本的四大城市进行访问；1988年，我国举办了"长城杯健美操友好邀请赛"，1995年，我国派出三名运动员参加在法国巴黎举行的首届世界健美操锦标赛，这是一场由国际体操联合会举办的重量级体操运动赛事；1997 年，为了提高我国健美操裁判人员的专业度，我国派出两名裁判员参与国际裁判培训班，并且成功通过考核获得国际裁判的资格；此外，我国还分别在 1999 年和 2001 年邀请日本专家来我国讲授关于国际健美操规则的课程，并且多年来积极参与国际运动组织举办的各项健美操大赛。

为了推进健美操运动的发展，我国还积极举办各种健美操赛事，1992 年我国举办了全国健美操锦标赛和首届全国健美操冠军赛。从那时起，全国健美操锦标赛成为我国的年度体育赛事，而全国健美操冠军赛也不定期举行。在比赛项目设置上，1998—2000 年我国的健美操竞赛项目比国际比赛多了一个六人操项目，但是从 2001 年开始，我国的比赛项目就完全依照国际体操联合会的竞赛项目进行设置了。

（3）完善

20 世纪 90 年代以后，我国的竞技健美操运动在前一阶段发展的基础上进入完善阶段，健美操运动员们开始在各大国际健美操赛事中崭露头角。

2004 年，中国运动员结束了中国健美操运动未在国际上获过奖的历史，在这次的第 8 届保加利亚健美操锦标赛上拿到了六人项目的第三名。这次获奖意味着中国的竞技健美操运动水平成功进入了一个新阶段。

2005 年，我国健美操运动员在六人项目上再次实现突破，一举拿下了世界运动会上健美操比赛六人项目的冠军，这也是我国健美操首次在世界比赛中拿到冠军。

2006 年，第 9 届世界健美操锦标赛在我国南京举办，我国健美操运动员不仅在六人项目上继续拿到金牌，还获得了男单冠军，女单、三人项目亚军，以及混双项目第五名的卓越成绩，中国健美操运动的水平再次上升到一个新的台阶。此后，中国竞技健美操的发展进入黄金时期。

2007 年，中国首次获得资格参加法国第 3 届健美操世界杯总决赛，这次比赛中，中国所有参赛项目均进入了决赛，并且在六人项目上保持优势取得冠军，混双项目也实现了国际大赛上奖牌"0"的突破。这次比赛之后，中国的六人项目在世界三大健美操国际赛事中均取得过冠军，中国成为首个在该项目上获得大满贯的国家。

2008 年，第 10 届世界健美操锦标赛上，中国六人项目依旧保持优势取得冠军，三人项目获得银牌，男子单人项目获得铜牌。

2009年，第8届世界运动会上，中国健美操运动员取得六人项目金牌，三人项目取得银牌，女单、混双铜牌。

2010年，中国健美操运动员在法国举办的第11届世界健美操锦标赛上，获得了三人项目的冠军和六人项目的亚军，成绩令世人瞩目。

2012年，在保加利亚第12届世界健美操锦标赛上，中国队在有氧舞蹈、有氧踏板、三人操、六人操项目上均获得了金牌，在团体、男子单人项目上获得了铜牌。此次比赛中，有氧舞蹈和有氧踏板第一次被列为比赛项目，中国队一举拿下了这两个新项目的冠军，显示了中国队在这两个项目上的巨大潜力。这是中国队第六次在国际大赛上获得冠军，充分显示了我国运动员在该项目上巨大的优势。

2013年，竞技健美操中六人操项目改为五人操。2014年，在墨西哥第13届世界健美操锦标赛上，中国队在有氧舞蹈、有氧踏板、三人操三个项目中发挥出色，均获得第一名，在女子单人操中斩获第二名，五人操比赛中获得第三名。

2016年，在韩国仁川举办的第14届健美操世锦赛上，中国获得团体冠军，五人操冠军，女单、有氧踏板、有氧舞蹈三项亚军，以及混合双人季军。

2018年，在葡萄牙举办的第15届健美操世锦赛上，中国健美操国家队获得1金3银1铜的优异成绩，并再次蝉联了世锦赛五人操冠军。

2022年1月1日起，竞技健美操比赛开始执行新规则，即2022—2024周期评分规则，新规则与之前的规则相比有一些重大变化，需要引起注意。新规则执行后，我国竞技健美操在今后的发展中将作出相应的调整，争取在世界健美操锦标赛中再创佳绩。

总之，我国竞技健美操技术已达到国际化水平，出现了一大批优秀的年轻竞技健美操教练员、运动员，裁判员的等级水平也在世界有了一定的话语权，特别是优秀的教练员从科研的角度将实际训练经验与竞赛相结合，形成了较多的科研成果；同时我国为培养竞技健美操后备人才，建立了众多的竞技健美操青少年培训基地，以赛促练，提高后备人才的技术水平；在国际竞争中，我国运动员屡次参与世界锦标赛并获得优异成绩，在FIG国际健美操规则的更新上，一批优秀的健美操教练员建言献策，推动世界健美操的发展，为我国健美操增加在世界领域的地位与话语权贡献了力量。

三、我国健美操运动的发展走向

（一）健身健美操发展走向

1. 大众化趋势

高校健身健美操教学、健身俱乐部健美操课程、社区健身健美操活动是我国健身健美操发展的重要依托。当前我国健身健美操成为高校体育课的重要内容之一，成为不同规模与档次的健身俱乐部的重要经营项目之一，成为社区居民日常锻炼和体育消费的重要内容之一，健身健美操学练人口规模日益扩大，呈现出突出的大众化发展趋势。

2. 社会化趋势

在市场经济背景下，我国健美操运动的市场运行机制及组织管理体制逐渐形成，其特征是以市场经济为背景，兼具国家调控和市场调节两种手段，为全社会广大人民群众服务，生机勃勃，活力四射。这充分展现了我国健身健美操发展的社会化趋势。

3. 知识化趋势

健身健美操在我国高校体育教学中占据着重要地位，是高校重要的体育课程和教学内容之一，很多高校都将该项目列入体育教学大纲中，健美操专业在各大体育院校相继成立，我国健身健美操的未来发展有了充足的人力资源保障，这将推动我国健身健美操的持续健康发展。

4. 特色化趋势

在可持续发展理念的指导下，我国从国民体质健康状况、大众生活习性及普遍性的运动健身爱好出发对健身健美操活动内容、活动形式等进行了深入的挖掘和大量的开发，创造出很多深受大众喜爱的健身健美操活动内容，丰富的健身健美操不仅类型和风格多样，而且具有鲜明的特色，呈现出特色化、综合化的重要发展趋势。

（二）竞技健美操发展走向

1.动作创编更具艺术性

作为一项同时要求配合音乐、动作优美的运动项目，竞技健美操对艺术性和创新性有着极高的要求。根据《竞技健美操竞赛规则》的规定，竞技健美操有音乐和乐感、操化内容、主体内容、空间运用和艺术表现力五个方面的标准。比赛项目中混双、三人和五人项目里的托举次数，也随着近年来竞赛规则的更改被限制。不断严格的规则要求健美操创编者在创编动作时必须注重动作的多样性，充分体现健美操运动追求艺术性的本质特征。

2.动作完成度要求更高

竞技运动追求的是突破精神，运动员除了要完成动作，还需要尽量将动作发挥到极致。国际体操联合会在新颁发的《竞技健美操竞赛规则》中对健美操运动员动作的技术完成质量提出了更加精细的标准，从难度动作、动作编排和一致性三个方面评定运动员的动作完成情况，要求运动员必须以完美的技术高度准确地展现成套动作，展现过程中的每一个小细节都会影响到项目的总体得分。竞技健美操的严苛标准促使运动员们练就扎实的基本功和出色的表现力，在健美操比赛中展现出更加出色的比赛动作技术。

四、我国健美操运动的未来发展策略

（一）健身健美操发展策略

1.政府及相关部门加大支持力度

健身健美操运动在全社会的普及和推广需要有政府相关政策条例的引导和约束。向大众普及健身健美操运动，带领大家参与这项运动以提高全民健康水平，这项工作本身就具有公益性质，理应得到政府

的政策扶持，相关政府部门应从健康中国建设的战略背景出发，基于对全民健康目标和健身健美操可持续发展长远规划的考虑，制定相应的政策法规，充分发挥政策的引导和约束作用，并在政策的引领下建立健美操推广机制，并监督各地大众健美操运动的开展情况，提高大众参与度。

2.扩大宣传，实现资源共享

在信息化网络时代，人们的传统生活方式因为网络传播方式的出现而发生了翻天覆地的变化，人们能够通过网络手段了解和掌握各种各样的信息。在此背景下，健身健美操被赋予信息化和现代化的科学内涵，利用这一契机，借助互联网手段大力宣传健身健美操的基本知识、锻炼价值、开展意义、开展内容及方法等信息，有助于促进这项运动在群众中的进一步普及，使全国各地的人民共享健美操信息。

全民健身是国家发起的号召和提出的发展战略，我们要积极响应、充分贯彻该政策，广泛宣传全民健身，并将全民健身思想和健身健美操运动锻炼有机结合起来共同宣传，使人们在全民健身浪潮下更好地认识健身健美操运动。此外，对健身健美操的宣传和普及离不开行政力量及社会各界力量的参与，聚集多方面的力量，有助于充分发挥这些力量，在全社会营造良好的健美操运动氛围，掀起全民参与健身健美操运动的热潮。

3.多渠道筹集项目资金

健身健美操是休闲娱乐项目，具有大众性、经济性、简易性，开展较为便利，但要在全国范围内广泛开展这项运动，就必须提供经济方面的支持，这是最基本的条件和最基础的前提保障。虽然推广大众健美操运动是公益事业，需要政府财政支持，但单一的资金来源渠道远远不能满足现实需要，从社会中探索其他经费筹集渠道势在必行。有关组织可以向社会企事业单位或个人寻求资金或设施资源的赞助，或接受来自社会各方面捐赠的资源，从经费和基础资源上保障健身健美操活动的顺利开展。

例如，有关部门组织可以向社会企事业单位寻求赞助，为健身健美操活动的参与者提供便利和服务，使人们有更好的条件和平台参与健美操运动。在健身健美操推广方面要加大资金投入力度，提高宣传的效果，促进健美操在更多地区的普及。同时也要加强对现有闲散场地的改造，秉着经济实用的原则扩建，多渠道集资解决健身健美操发展中的宣传问题、场地设施问题。

4. 加强对健身健美操的组织与管理

各地政府部门尤其是体育相关部门要将大众健身锻炼和居民健康重视起来，充分认识健身健美操对促进大众健康的重要意义，鼓励大众参与健身健美操锻炼，必要时建立相关规章制度和长远规范，明确各部门的职责，有序开展健身健美操的相关工作，使健身健美操的参与者越来越多，业余健美操活动和比赛的组织水平不断提升。为了具体落实健身健美操的普及与推广工作，要将街道组织和社区体育协会的作用充分发挥出来，在社区建立居民健身锻炼指导站，组建志愿者队伍为健身健美操活动的参与者提供公益服务，同时也要引进优秀的健身健美操指导员，使其在社区健美操活动的开展与管理中充分发挥指导作用，提高社区健美操活动开展的效率和科学性。各级健身健美操活动的开展都要有对口的管理，每一层级的活动都应该安排专门的工作人员负责，这样才能确保各项工作的有序开展，保证活动效率。

基层健身健美操活动的开展需要健美操骨干、专业指导员和社区积极分子的参与，因此要加强对健美操骨干、专业指导员及积极分子的培训，提升这些主体的综合素质，使其在健身健美操活动中充分发挥自身作用，积极参与相关事宜，为推动健身健美操的进一步发展作出贡献。

5. 多层次开发健身健美操，丰富大众锻炼内容

健身健美操形式丰富多样，内容多姿多彩，不同类型的健身健美操各有特色和重要功能，吸引了广大健身爱好者的参与。不同的健美操参与者都具有其独特性，需求各不相同，参加健美操的动机和追求的目标也有差异，现有的健身健美操内容还不能满足每个参与者的需求。因此，必须从大众体质现状、健身需求及各方面的现实情况出发，开发更多更丰富的健身健美操内容，体现健身健美操的风格多样性，这样才能促进健身健美操的可持续发展。大众参与内容丰富的健身健美操运动，需要有专业的指导，以提高运动锻炼的科学性和实效性，使大众达到预期的健身锻炼目的，提升成就感，激发其继续参与健身健

美操锻炼的热情。

在健身健美操内容的开发中，可以融入舞蹈、瑜伽、体操等相关项目，新开发的健美操内容既要有特色，又要有趣味，而且强度要适合大部分人，这也是健身健美操创编和开发的重要原则。此外，健身健美操有自身的技术标准，开发新内容时要明确不同健美操套路的技术标准，对相似的内容进行整理，不断完善健身健美操内容体系。

6. 加大培训力度，培养优秀的健美操师资队伍

健身健美操运动的发展水平与健美操师资队伍的专业素养有很大的关系，因此要特别重视对专业健美操师资队伍的培养，加大培养的广度与密度，全方位开展对健美操教师、健美操教练员以及健美操指导员的培养。健美操师资培训班的组织模式应该是丰富多样的，是不断创新的，这样才对健美操爱好者和健美操师资后备人才有吸引力，在专业的培养下促进健美操师资队伍专业知识的不断丰富和专业技能的不断提升，使其在健身健美操教学、训练以及普及推广中各自发挥自身的作用，实现健身健美操由点到面的广泛传播和全方位开展。在健身健美操的发展中，还要储备与培养更多的人力资源，使其充实到健身健美操师资队伍中，扩大队伍的规模，提升队伍的综合素质，并不断将优秀的专家、学者引进队伍中，各司其职，有效推动健身健美操的可持续发展。

社会健身健美操活动的开展尤其离不开社会体育指导员的参与和指导，在专业人员的指导下，人们能够更加科学地参与健美操锻炼，提高锻炼的效果，同时也能减少在健身锻炼中受伤的风险，因此培养与组建专业的健身健美操指导员队伍至关重要，这就需要加强对体育指导员的培训，提高体育指导员的健美操专业素养。高校健美操专业学生和体育教育专业学生同样能够在社会健身健美操的发展中发挥作用，应为大学生提供深入基层的实践机会，使其充分运用所学知识组织基层健美操活动，并指导居民参与活动，学以致用，提升学生的知识应用能力和社会适应能力，同时也解决了大众参与健美操活动无人指导的问题。

7. 加强对健身健美操教学模式的创新

当前，高校健身健美操教学仍存在很多问题，需要加强改革与创

新，其中，教学模式的改革与创新很关键。传统健身健美操教学中，常见的模式是教师示范一个 8 拍，学生模仿练习一个 8 拍，这种教学方式长久以来已经成为机械化的套路，不利于培养学生的主观能动性，也影响了学生学习的积极主动性。要解决这个问题，就必须加强对传统教学模式的改革与创新，转变教学理念，采用先进的教学方式和手段进行教学，构建与实施多元有趣的教学模式，既要使教师乐于教学，又要使学生乐于学习。健美操教师在课堂教学中要创造适宜的情境，通过实施情境教学模式来引发学生思考，激励学生创新，活跃课堂氛围，这种教学模式所起到的作用是潜移默化的，对学生的影响是非常大的。

8.大力发展俱乐部健身健美操

健身俱乐部是我国推广健身健美操的主要阵地之一，俱乐部对促进健身健美操的普及和发展起到重要作用，因此要促进健身俱乐部的发展，使健身健美操在各类健身俱乐部中得到长足的发展。促进健身俱乐部健身健美操的发展应从以下几方面努力：

第一，健身俱乐部应加强对健身健美操课程的宣传，开发特色课程，树立品牌意识，促进俱乐部各项服务的不断完善，为俱乐部会员提供良好的运动环境，吸引更多的健身爱好者，使其成为健美操品牌课程的购买者和参与者，成为俱乐部的忠实客户和长期会员。

第二，随着市场经济的快速发展及大众健身意识与消费水平的提高，健身俱乐部的数量不断增加，为了争抢会员，俱乐部之间的竞争十分激烈，而且出现了一些不正当竞争问题，对此需要政府发挥调控职能，加强对体育健身市场的规划和管理，引导健身俱乐部持续健康发展。

第三，健身俱乐部要对健美操教练员进行专业培训，并不断引进高水平的优秀教练员，用优秀的教练员吸引更多的会员，提高俱乐部健美操授课质量和效果。俱乐部也要积极参加相关交流活动，与其他俱乐部交流经验，学习大型俱乐部的经营之道，提高俱乐部的经营管理水平，最终增加经济收益，在经济保障下开发更多的健美操课程，引进更多的优秀人才。

第四，健身俱乐部要注意权衡会员利益和俱乐部利益，要为会员提供全面而优质的专业服务，尽可能满足不同会员的需求，刺激会员消费，尽可能使短期会员发展成为长期会员甚至是终身会员，从而增加健身俱乐部的经济收益，扩大俱乐部规模，为健身健美操在俱乐部的发展奠定良好的基础。

第五，健身俱乐部要加强与高校的合作，从高校引进专业人才，同时也要加强与劳动部门的合作，就教练员培训与考核的相关问题进行沟通，促进俱乐部健美操教练员专业素养的提升，并改善福利待遇，激发教练员的工作积极性，使教练员队伍趋于稳定，减少流动，教练员队伍的稳定有助于促进会员的稳定，优秀的教练员更能吸引会员。

9. 以"赛"促发展，大力举办大众健美操竞赛

健身健美操的传播与发展离不开比赛的推动，健美操比赛发挥着重要作用。举办形式多样的健美操比赛，能够吸引广大群体参与其中，使人们对健美操的了解更多一些，使健美操爱好者的参赛需求和表现需求得到满足。健身健美操表演和比赛活动的开展需要相关部门的组织和管理，需要社区组织的积极参与，需要有关职能部门的协同配合。健身健美操比赛应尽可能在节假日举办，使更多的人都有时间参与比赛或欣赏比赛，要充分发挥媒体的作用，通过电视、网络报道健美操比赛，提高健身健美操比赛的影响力。

10. 促进健身健美操与艺术元素的融合发展

健美操本身就具有艺术性，健美操与艺术的融合是健美操的重要发展趋势，要进一步发展健身健美操，就要继续加强其与艺术的深度融合，丰富健美操的艺术内涵，提升健美操的品质和艺术魅力。与健身健美操相关的艺术元素如图 1-3 所示，要努力加强健身健美操与这些多元化艺术元素的融合。

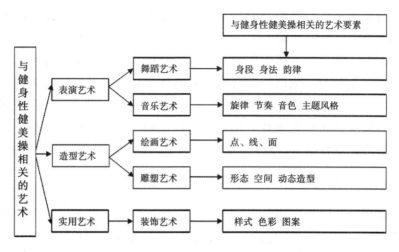

图 1-3　健身健美操相关的艺术元素 [1]

（1）健身健美操与艺术要素融合发展的原则

促进健身健美操与艺术要素的融合发展，需遵循与贯彻以下几项原则。

①艺术性原则

健身健美操运动本身就包含很多美的元素，如形态美、肌肉美、力量美、协调美、精神美等，美是健身健美操的追求。健身健美操创编中借鉴了其他运动项目中许多美的元素，将各种美的元素有机结合起来，有序融入健美操动作中，使健身健美操既有健身健心的功能，也有陶冶情操、培养审美素养的功能，人们参与健身健美操运动，用肢体语言传达健美操的美，将充满美的健身健美操的艺术魅力充分展现出来。

艺术性是健身健美操的主要特征之一，健身健美操动作的直观性、节奏性以及音乐的抒情性等都是艺术性的主要表现，具有艺术性的健身健美操融合了肢体语言艺术和美学元素，表现出刚健有力、律动和谐的特性，给人以视觉上和精神上的享受，也培养了人们的审美能力。健身健美操动作富于变化，包括身体姿态的动态变化、肢体动作力度的变化以及不同部位动作的协同变化等，刚健有力的动作、富有节奏的变化使表演者的动作看起来行云流水，极富美感。

---

[1] 闫凤娟．新视角下我国健身性健美操多元艺术要素融合发展的研究 [D].广州大学，2012.

健身健美操的艺术性从健美操音乐上也能体现出来，健身健美操与音乐形影不离，音乐伴奏是健身健美操的重要组成部分，不可缺少，没有音乐伴奏的健美操与体操无异。健身健美操音乐的艺术性主要表现为节奏美和律动美，健美操动作与音乐节奏融为一体，人们跟随音乐而跳操，节奏动感，旋律优美，净化心灵。健身健美操有动有静，有刚有柔，使人从视听觉和心理上都获得美的享受，受到艺术的熏陶与感染。

②实用性原则

在社会发展中，集中一切智慧和力量所追求的就是一种实用性，我们追求物质和财富，都建立在实用性的基础上。人们从事某个活动，都追求实用性，就是追求良好的效果。健身是健身健美操的本质，在这个本质的基础上衍生了其他功能，在健身这个本质属性上实现艺术的创新与融合，包括音乐、造型、舞蹈等多方面的融合。比如，再好听的音乐作品，如果节拍不明显，那么就不适合在健身健美操中运用；再好看的服装，如果穿上会限制人的动作活动，那么也不能在健身健美操运动中穿。再如，作为一种典型表演艺术的舞蹈，与时代、文化的联系非常密切，每个时代都有属于自己的文化特征，都有一些文化成果能代表这个时代的发展，在健身健美操与舞蹈的融合发展中，要在时代背景下考虑舞蹈中的各项艺术元素的特征，结合时代背景进行融合与创新，在健身健美操编排中多融入一些积极阳光的艺术素材。

健身健美操与艺术的融合发展要贯彻实用性原则，要考虑大众参与健身健美操的需要、目的以及社会发展的需要而促进融合发展，仔细观察社会的需要，要有敏锐的观察力和准确的判断力，要使健身健美操尽可能满足社会发展的需要，从发展的层次、时空、范围、对象等方面面满足需要，使不同群体的实际需要得到满足，为全民健身、大众健康以及社会建设作出贡献，使人们的健身内容不断丰富，生活多姿多彩，生活质量得到提升。对社会需要和大众需要的观察与分析要坚持"以人为本"的科学理念，要了解社会个体、社会群体与健美操的互动情况和希望在健身健美操运动中达到的目标，要深入调查、全面分析、高度归纳、真实演绎、准确预测、科学决策，尽可能发挥健身性健美操的各项功能，使人对体育的各方面需求从健身健美操中得到满足，使健身健美操的实用价值得到人们的肯定。

③娱乐性原则

健身健美操既有强身健体的功能，也有休闲娱乐的功能。健身健美操刚柔相济、动静结合，节奏起伏跌宕，节奏感极为鲜明，人们参与健身健美操运动能够获得身心的愉悦和轻松，获得由外而内的享受。

将多元艺术元素融入健身健美操时，要重点选择具有娱乐性、观赏性的艺术元素融入其中，如音乐元素，舞蹈元素等。音乐给人带来活力，使人充满激情，舞蹈使人更加飘逸、柔美，将音乐和舞蹈元素融入健身健美操中，能够给人带来全方位的享受。人们在充满音乐和舞蹈元素的健身健美操中，可以轻松随意地跳动，不受束缚，感受健美操的奔放和自由，相比于严肃的操化动作，健身健美操更能使人释放激情、张扬个性、展现活力，使人调整身心、放松自我、宣泄情感、释放压力、卸下包袱、回归纯真、享受生活。

现代人的生活理念中，健身、休闲、娱乐占据一定的分量，作为时代发展产物的健美操和艺术在未来的发展中要与时代的步伐保持一致，要与社会的需求相统一，要满足现代人的娱乐和健身需求，只有贯彻娱乐性原则，健美操和艺术才会有更加广阔的发展空间。

（2）健身健美操与艺术要素融合发展的方法

①重组法

重组指的是将至少两个健美操动作巧妙组合起来，形成新的组合动作。这是健身健美操与艺术元素融合的常见方法之一。动作重组有两种常见的情况，一种是组合不同类型健美操的单个动作，另一种是组合同一类型健美操中不同风格特色的动作，在这两种组合的基础上编排成套动作。重组也包括音乐的融合或舞蹈元素的融合，如将民族音乐和西方音乐组合成健美操音乐，将民族舞蹈与西方现代舞的一些动作融入健美操中，组合成新的健美操套路。需要注意的是，并不是简单地将不同的音乐作品结合在一起，或简单串联、堆积单个的技术动作就是健身健美操与艺术的创新融合，而是要根据健身健美操的特点去慎重选择适宜与其融合的动作或音乐，不同动作和音乐重组在一起要合理、和谐、新颖，不能做不伦不类的重组。

②移植法

移植指的是在健身健美操动作创编中引入其他运动项目的动作元素或音乐元素，然后对这些引入的内容进行改造，使其符合健身健美操的特点，这种创新性的融合方式在健身健美操的发展中的运用也很普遍。在体育舞蹈、现代舞、体操等运动项目的练习中，我们能体会到有些动作与健美操有异曲同工之妙，将这些相似的动作素材借鉴到健身健美操中，促进健身健美操与其他艺术项目或体育项目的相互转化、移植，丰富健身健美操的艺术内涵和动作内容，从而提高健身健美操表演的艺术效果，使更多的人深刻体会到健身健美操的独特艺术魅力。

③创新法

在健身健美操与其他艺术元素的融合发展中，创新必不可少，健身健美操创编者要将自己的想象力、创造力充分发挥出来，要善于从其他领域挖掘适用于健美操中的素材，要能够在明确健身健美操动作主题的基础上进行相关音乐主题的配套和完善，能够从人体运动规律、生理结构出发创编将身体各部位充分调动起来的健美操套路。这对创编者的专业能力提出了很高的要求，需要不断提升创编者的专业素养，提高创新的效果。

11. 健全与完善健身健美操的创编机制

广场舞近年来在我国城市和农村地区都很流行，创编广场舞的体育工作者或爱好者越来越多，而创编健身健美操的人渐渐减少，健身健美操的发展因为广场舞的流行而受到了严重的冲击。这时如果不认清现状、分析原因、对症下药，那么健身健美操会逐渐淡出大众的体育生活，广场、公园等公共场所中也很难再看到大家一起跳健美操的画面。为防止健身健美操从大众视野中消失，要重视对健身健美操的编排工作，编排丰富有趣的健美操作品来吸引人们参加。在编排中要注意以下几个要点：

第一，在健身健美操的编排中，要从健美操爱好者的体质状况、实际需求、参与动机等多方面出发设计动作，健美操动作应该相对简单一些，掌握起来容易一些。

第二，编排者要按照运动生理学、运动生物力学、运动解剖学等人体科学原理设计动作，在一套健美操动作中，动作从前到后要有难度上的变化，要体现层次性。

第三，要针对青少年、中青年、老年人等不同年龄群体和男、女不同性别群体编排不同类型的健身健美操作品，体现出健身健美操编排的针对性，提高大众参与健美操锻炼的实效性。

第四，编排的健美操成套动作中既要有小关节动作，也要包含大肌群动作，提高锻炼的全面性，使人们充分活动身体各个部位，促进各部位的健康与协调发展。

第五，要将广场舞的元素融入健身健美操动作中，设计有广场特色的健美操动作，同时可以将其他相关项目的动作融入其中，展现健身健美操的多元化、丰富性，彰显健身健美操的活力，提高健身健美操的普适性，使其在社会大众中得到更好的普及。

总之，在健身健美操编排中要立足现状，与时俱进，加强创新，以普及为主，不要一味地追求高难度，而应将重心放在内容的丰富性、动作的趣味性、作品的独特性和锻炼的综合性等方面。

（二）竞技健美操发展策略

1. 加大基础设施建设投入力度

要发展竞技健美操，就要为运动员参加健美操训练提供良好的条件与环境，要使训练场地、训练器材、训练配套设施等都能满足运动员的训练需要。高质量、高水平的训练必须在专业的训练场地和规范化的训练配套设施的保障下才能实现。一些健美操运动队没有专门的训练场地，只能在篮球场或其他场地训练，训练环境恶劣，训练条件有限，导致运动员专业水平的发挥受到了严重的限制，影响了健美操运动员训练的主动性和热情。我们必须重视这个问题，集中精力解决这个问题，将改善基础设施建设作为发展竞技健美操的首要任务，加大对基础设施建设的投入力度，大力修建标准的训练场地，配备标准的器材设施，使运动员在良好的环境下积极训练，高质量完成训练目标。

2. 提高竞技健美操教练员的专业素养

竞技健美操的不断发展对教练员的专业技能和综合素养提出了更高的要求，健美操教练员要能够从运动员的实际情况出发，对难度动作进行选择，要结合规则设计动作，成套动作的布局要有特点，难度类别要符合规则要求，要按规定指导运动员完成高标准的动作，提高完成的完美度。教练员还应该具备艺术方面的素养，在成套动作的编排中要多设计多样性、艺术性的动作，合理嵌入难度动作，各类动作之间的连接、过渡要自然、合理、有新意，要将成套动作的艺术魅力和主题充分展现出来。教练员还要有高度负责的品质和敬业精神，并树立一定的科研意识，提高科研能力，善于将国外优秀的训练理论、经验借鉴到运动队的训练中，善于捕捉灵感，善于从比赛中总结教训与经验，带领运动队冲刺更好的成绩，引领中国竞技健美操走向世界舞台，在世界竞技健美操领域拥有优势地位。

3. 加强对竞技健美操后备人才的培养

（1）注重科学选材

我国选拔竞技体育后备人才，一般都是从自愿报名的人中挑选有资质的好苗子，然后进行培养，但有些青少年虽然资质不错却并没有报名，从而造成了人才的流失，对此，要鼓励资质好的孩子积极报名，了解他们犹豫的原因，解决他们的后顾之忧。

教练员选拔竞技健美操后备人才，主要凭借经验，但是教练员的经验比较主观，而且经验也有限，完成基于经验来挑选人才，容易影响评价的客观性、全面性和真实性。因此教练员要通过科学测验、组织比赛来选拔优秀的竞技健美操后备人才，同时也可以参考自己的经验，尽可能将所有资质好、发展潜力大的青少年选进后备人才队伍。

（2）改革培养体制

培养竞技健美操后备人才，要将体育培养体制和教育培养体制有机结合起来，构建体教结合的培养新体制，既要抓后备人才的学习，也要抓后备人才的训练，使后备人才的文化水平和训练水平同时提高，而训练水平的提高恰恰需要良好文化知识的指导，所以说文化知识的学习很重要。竞技健美操后备人才在健美操训练中，难度动作的完成对其来说是一个很大的挑战，如果不能理解难度动作的艺术性，不能充分把握难度动作，就练不好成套动作，也无法在不断的实践中进行高效率的探索和有价值的创新，而后备人才对难度动作的理解与把握需要有良好的知识能力作支撑，通过文化教学培养后备人才的文化素养，提高其思维能力和理解能力，使其对竞技健美操难度动作深刻的理解与准确的把握，能够理解教练员的训练意图，提高训练效率。可见，体教结合的竞技健美操后备人才培养体制非常重要，体育和教育缺一不可。

4.加强科学研究，提高理论水平

竞技健美操既包含了体能要素、技能要素，又包含了艺术要素和音乐要素，这项运动与运动生理学、运动生物力学、运动心理学、运动营养学、运动解剖学、运动医学以及美学等学科有千丝万缕的联系。只有结合这些学科对竞技健美操进行深入研究，对竞技健美操的项目特征予以归纳、总结，对其中的内涵加以挖掘，才能将这项运动的精髓真正展现出来。我国竞技健美操发展至今，虽然在竞技健美操训练、比赛、教学等方面进行了一些理论性研究，但大都是一些表浅的研究，对更深层次的内容没有深度挖掘，也忽视了对竞技健美操技术特征的深入研究。要提高竞技健美操的发展水平，就必须从科研着手，深入研究竞技健美操训练、竞赛等各方面的问题和原理，探索科学发展之路，并定期举行科研成果报告会，相互交流，不断完善理论体系，使理论科研成果在实践中发挥重要的指导作用，使竞技健美操在科学理论的指导下实现更高水平的发展。

5.健全与完善竞技健美操训练机制和比赛体制

我国一些竞技健美操运动员是从其他相关项目中转过来的，如体操、艺术体操、舞蹈等项目，由于这些运动员不是从小就专门接触健美操、接受健美操训练，所以在训练中常常出现一些问题，比如在其他项目训练中养成的一些动作习惯一时间难以改正，无法适应健美操比赛等，针对这些问题，要加强对健美操比赛体制的健全和完善，并加强对竞技健美操训练机制的改革，提高训练的系统性和专业性。

竞技健美操动作复杂，运动员要在快而变化的节奏中完成有力度、有幅度的健美操动作，同时要保证动作与音乐的协调性，要在动作中将音乐主题表现出来。如果没有长期专业的训练，运动员很难做到这一点。虽然一些运动员接受过体操训练，但是体操与健美操毕竟是有差别的，所以只在短期的训练中不可能达到专项要求，只有持续进行系统性、专业性的训练，才能提高训练水平和比赛成绩。

第五节　校园健美操的普及与发展

一、校园健美操对学生身心健康的影响

（一）校园健美操对学生身体健康的影响

1. 对身体形态的影响

在健美操运动中，完成带有一定负荷的动作能够有效刺激肌肉，促进受刺激部位肌肉的发展和骨骼的增强，促进局部的生长发育。参与健美操锻炼，既能将先天的身体优势利用起来，并进一步强化优势，又能使先天不足得到弥补，遗传度越小的身体部位经过科学系统的健美操锻炼越能发生积极的变化，长期坚持锻炼，能够收获良好的效果，使体形变得丰富、匀称，看起来既健康，又有美感，再加上在一定程度上控制了体重，所以整体上给人一种大方美丽、端庄自信的感觉，这便是健美操运动对体态的积极作用。不管男生还是女生，坚持健美操锻炼，都能有效改善体形和体态，男生可以变得体格魁梧、风度翩翩，女生可以变得更加具有形体美。有关专家针对人体不同部位的体态问题创编了局部塑形健美操，这提高了学生锻炼的针对性，满足了学生锻炼身体各个部位的需求，最终获得良好的整体效果，塑造出健康而具有美感的体形、体态。

2. 对身体机能的影响

健美操具有强身健体、增强体质的作用。学生通过参与健美操运动，做大量的转体、扭髋、伸展等动作，能够促进身体机能状况的改善，并能够增强肌肉力量，增加结缔组织（肌腱、韧带）的弹性，使关节更灵活，呼吸肌更有力，促进机体氧代谢能力的提升，最终使学生精

力越来越旺盛,这对其学习十分有益。

3.对身体素质的影响

健美操运动能够全方位锻炼人的身体素质,具体表现为增强力量、提升肌肉耐力和关节柔韧性。有些健美操动作要求肌肉活动达到极限状态,直至有轻微的疲劳和酸痛感,这对锻炼学生的耐力素质具有重要意义。在音乐伴奏下,健美操动作不断变化,包括动作方向、路线、力度等各方面的变化,学生完成这些不断变化的动作能够促进肌肉记忆力的增强,使神经系统更加灵活,使身体各部位更加协调,从而有效增强身体的灵敏性、协调性。

(二)校园健美操对学生心理健康的影响

1.有助于塑造良好的心理品质

校园健美操能够为学生提供展现自我的平台,将学生的运动兴趣激发出来,使学生在健美操活动中充分展现优美的体形体态,彰显青春活力。学生在健美操学练中常常会遇到一些困难,如单个动作不规范,成套动作不连贯等,此时应鼓励学生不断练习,挑战困难,解决难题,从而能够培养学生的意志品质。学生在长期的锻炼中,还能消除不良情绪,缓解心理压力,提高情绪控制力和自我表现力。

2.陶冶情操,提升气质

健美操运动要求学生在锻炼过程中将每个动作都完成得自然一些,使动作看起来协调、舒展、优美、大方。此外,造型合适、美观,动作奔放、刚健有力等也是对学生参与健美操运动的基本要求,这有助于矫正学生的不良身体姿态,使其体态优美、风度高雅。音乐是健美操成套动作不可缺少的因素,学生在节奏鲜明的音乐伴奏下跳健美操,能够展现活力美,还有助于陶冶情操、丰富内心情感、提升思想境界和内在气质。

二、校园健美操普及与发展的策略

（一）树立"健康第一"思想，强调校园健美操的实用价值

健康第一是学校体育教育的基本指导思想，树立与强调健康第一思想，在这一教育思想下向广大青少年普及健美操运动，能够使师生更重视健美操的健康促进价值，也能够使校领导为了促进学生健康而支持健美操运动在学校的开展。健康第一的思想应在校园健美操的各项活动中充分渗透、融入，充分发挥健美操的健康功能，使学生通过参与健美操运动切实提高身心健康水平。如此一来，校园健美操的实用价值便会得到验证与认可，从而提高教育部门、学校领导、师生对这项运动的重视程度，协力促进校园健美操的普及与开展。

（二）发挥校园媒体的作用，加大宣传力度

健美操在学校的传播离不开对校园媒体资源的利用，利用学校的校报校刊、宣传栏、广播、校园网等媒体资源来普及健美操常识，传播健美操运动方法，能够使学生有更多的渠道了解健美操，对这项运动产生兴趣，进而主动参与其中。利用校园媒体宣传健美操时，要注重对健美操文化的宣传，营造良好的校园健美操文化氛围，这能够使师生对健美操的理解更加深刻，更好地把握这项运动的文化内涵。除了静态的媒体资源外，校园运动会、文化节、联欢会等也是传播健美操运动、展现健美操魅力的重要平台，利用这些平台也能够起到良好的宣传与推广作用。

（三）构建课内外一体化教学模式

构建课内外一体化教学模式，就是将健美操课堂教学与课外活动结合起来，这是一种创新的体育教学模式，能够促进课堂教学时空的延伸拓展和课堂教学效果的巩固与强化。为了更好地在校园传播健美操运动，扩大普及面，学校应开设健美操课程，规定教学大纲，通过

组织实施健美操教学来培养学生的健美操运动兴趣，并布置健美操学习任务，激发学生主动参与的动机。

除了组织课堂教学外，课外健美操活动的举办也是必不可少的。健美操课时有限，一节课的教学时间也十分有限，仅仅依靠课堂教学就使学生完全掌握健美操知识与运动方法是不现实的，因此必须通过开展课外活动来增加学生参与健美操运动的机会，使学生在丰富多彩的课外活动中进一步提高兴趣，提高参与的积极主动性，提高运动效果。

为了营造良好的校园健美操文化氛围，还可以成立健美操俱乐部或社团，这也是校园内开展课外健美操活动的重要组织，学校应为相关俱乐部或社团的组建和运行提供财力和物力支持，健美操教师可提供专业指导，从而提高俱乐部或社团的运作水平，满足学生参与课外健美操活动的需求。

第二章 | 健美操课程建设与教学理论

一直以来，学校健美操教学以传统课堂教学为主要平台，课堂教学平台的基础地位是不可动摇的。为充分发挥该平台的作用，提高实际教学效果，应加强健美操课程建设和课堂教学的开展。健美操课程建设是一项系统复杂的工程，建设工作需要科学理论的支持才能顺利开展。健美操课程资源是健美操课程的基础，是健美操课程建设的基础物质保障，因此在健美操课程建设中必须加强对课程资源的开发与利用。此外，为促进健美操课程的顺利实施，还需要构建健美操课程教学理论体系，为健美操教学提供理论指导。本章主要对健美操课程建设与教学理论进行研究，主要内容包括健美操课程建设的理论基础，健美操课程资源开发与利用，健美操教学的目标与任务、原则与内容、组织与实施以及健美操创编教学。

第一节　健美操课程建设的理论基础

健美操课程建设是一项系统复杂的工程，需要科学理论的支持才能顺利开展。只有在多学科理论的支持和引导下，健美操课程建设才能有科学可靠的理论依据，从而提高课程建设的科学化水平和建设效果。下面主要对学校健美操课程建设的学科理论基础展开研究，主要包括体育教育学理论、体育管理学理论以及体育美学理论。

一、体育教育学理论

（一）体育教育的概念

体育教育是以身体练习为基本手段，以增强体质、促进身心全面发展为目的，促使人们掌握身体锻炼的知识与技能的一种有意识、有目的的教育活动。

（二）体育教育的本质

体育教育由"体育"与"教育"构成，这两个组成部分的内涵决定了体育教育的本质。体育的特有属性反映在体育的内涵中，教育的特有属性则反映在教育的内涵中，事物的本质主要从其特有属性中表现与反映出来。由此可见，体育的内涵与教育的内涵相互融合而形成了体育教育的本质。

从性质上来看，体育是人类社会上以身体教育为主的一种特殊社会文化活动，其以身体练习为基本内容和手段，促进人体质增强、身体协调发展以及各方面全面发展。人的全面发展最终能够促进社会的发展，因此可以说体育是为推动社会发展服务的。教育是以培养人为中心的活动，教育和其他事物现象最本质的区别就在于培养人。结合体育和教育的本质可知体育教育是教育人和培养人的过程，它以身体活动为主要内容、手段及载体来培养人、教育人，促进人全面发展。在体育教育过程中，教育对象通过科学的身体活动能够增强体质、健全心理、掌握知识、提高运动能力、磨炼意志、塑造精神、提高道德品质、陶冶情操，最终实现全面、协调发展的目的。

另外，社会政治、经济、文化等环境在不同程度上影响体育教育，具体影响体育教育的目的、规模等，体育教育在某种意义上是为社会政治、经济、文化的发展即社会的整体发展而服务的。不同社会发展时期的体育教育主要通过培养适应当时社会发展需要的全面发展的人才来推动社会发展的。

（三）体育教育的载体——体育课程

体育教育是我国社会主义建设中非常重要的一项事业，发展体育教育能够满足社会各方面、各层次的人对体育的多种需要。体育课程是体育教育的一个重要载体。体育课程是学校课程体系的重要组成部分之一，是在校学生以身体练习为主要手段，通过合理的体育教育和科学的体育锻炼，达到增强体质、增进健康和提高体育素养为主要目标的必修课程。

体育课程是一门以多学科为基础的综合性课程，与多个学科的关系都很密切。加强体育课程建设，落实体育课程教学，能够使体育教育的功能与价值得到更好的发挥，促进体育教育多元育人功能的实现。

随着现代教育理念和体育教育理念的兴起，如终身体育（教育）、快乐体育（教育）、成功体育（教育）等，体育课程逐渐形成了多元化的结构，在原有基础上增添了新的内容，如各种选修课等，同时还将课外体育纳入体育课程结构体系中，作为体育课程的拓展和延伸性内容，课内形式多样的体育课和丰富多彩的课外体育活动构成了体育课程结构体系，如图2-1所示。

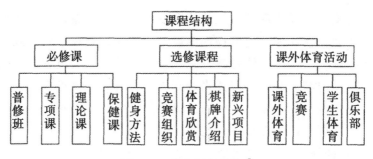

图 2-1　体育课程结构 [1]

健美操课程是体育课程的内容之一，学校健美操课程结构同样也可以划分为健美操必修课、健美操选修课和课外健美操活动等几个部分。在学校健美操课程建设中，要依据有关政策有针对性地建设不同类型的健美操课程。一般来说，往往在体育院校或普通高校体育院系设置健美操必修课，在普通高校其他院系设置健美操公共课程或选修课程，课外健美操活动在各类高校和各个院系中都应有所开展。

（四）体育教育与素质教育的关系

1. 素质教育为体育教育的发展指明了方向

为提高个人的综合素质和整体社会素质，我国提出了素质教育理念，实施素质教育有助于实现人从"自然人"向"社会人"的转变。素质教育顺应了教育从社会本位转变为人本位这一转变的需要，与现代教育改革和发展态势一致。素质教育的提出进一步明确了当代体育教育的地位、目的和意义，为体育教育的发展提供了正确的指导思想和方向指引，促进了"健康第一"教育思想在体育教育中的贯彻落实，同时要求在体育教育中传承体育文化，培养学生传承文化的责任感。素质教育要求结合学生实际开展体育，注重体育教育内容的实用性，通过体育教育要能够使学生获得对其长期发展和进步有利的知识和能力，要重视体育教育的长期效应。

此外，素质教育的全面推行使我们对体育教育的当代社会地位与社会价值更加明晰，同时保障了学生学习体育知识、参与体育锻炼的

---

[1]　程辉.体育新课程背景下学校体育理论研究 [M].北京：科学出版社，2016.

权利，这与全面教育方针政策的相关要求高度一致，对加快体育教育改革和推动体育教育健康持续发展具有重要意义。

2. 实施体育教育有利于实现素质教育的目标

个体在先天遗传和后天环境因素的共同作用和影响下形成的身心特征及其他特质就是所谓的素质。一个人的综合素质是由身体素质、心理素质、道德素质、文化素质、审美素质等多元素质共同构成的。通过素质教育要达到全面提高学生这些素质的目的，促进学生各方面素质协调发展和整体素质的综合提升，即实现全面发展的目的。而实施体育教育则有助于实现素质教育的这一目标。

体育教育在增强学生体质、改善学生心理素质、培养学生道德品质、塑造学生审美与文化素质、健全学生知识结构体系、推动学生社会化发展等方面发挥着独特的价值与重要的作用，体育教育在促进学生全面发展方面的功能作用是其他学科教育所无法比拟的，因此应将体育教育作为实施素质教育的重要突破口，重视体育教育，为社会培养全面发展的现代化人才。

健美操是体育教育的重要内容之一，健美操具有体育教育的普遍功能，如增强体质、促进全面健康、提升审美素养、促进全方位协调发展等。在学校健美操课程设置中，要充分体现健美操的项目特色和独特价值，使健美操的多元功能价值在课程实施中得以充分发挥，为素质教育的深入改革及目标实现作出贡献。

二、体育管理学理论

（一）体育管理技术

体育管理中采用科学而适宜的管理技术有助于提高管理效率和管理质量，尽快实现管理目标，促进体育发展。下面主要分析现代体育管理中常用的几种管理技术：

1. 授权技术

体育管理组织开展各项管理工作主要是为了实现体育管理系统的

目标。为了达到这一目标，体育管理组织机构内部对不同职能部门进行了设置，并明确各职能部门的职责和工作任务，同时要求不同职能部门之间要做好协调配合，为了共同的目标而努力。体育管理组织内各职能部门都被赋予了一定的权力，各部门通过行使权力而完成自己的本职工作。

随着我国体育事业的不断发展，体育行政领导每天都要做很多的工作，负担越来越重，压力越来越大。管理者即使再专业、再优秀，也不可能有"超能力"，无法独揽所有工作。合格的领导者不仅自己能办事，而且还能给他人授权，让他人办事，提高办事效率。领导者授权相当于运用分身术来完成体育管理工作，如果管理者大包大揽、事必躬亲，则很难提高系统的整体运作效率，也会影响管理组织的活力。

2.动态管理技术

在信息时代和现代社会背景下，体育管理系统受到内外诸多因素的影响，系统内的组成要素是动态变化的，系统外的环境也处于不断变化发展中，因此我们不能采用一成不变的方法去进行体育管理，而应遵循客观事物的发展变化规律，根据体育发展的实际情况而进行动态管理，突出管理的即时性和有效性。

运用动态管理技术进行体育管理，要做好以下工作：

（1）局部动态管理

按照体育管理系统的整体运作方案进行局部管理，根据局部情况而采取适宜的管理方式，提高局部管理的效果，进而实现全局管理的目的。

（2）整体动态调节

从整体上调节体育管理系统，整体优化管理系统，创造良好的管理环境，提高管理水平，通过整体动态管理推动体育事业的发展。

3.目标管理技术

以组织目标为导向，要求组织中的每个部门为了实现这一目标，制定出各部门乃至个人的分目标以及实现目标的制度、措施和有效方法，并将目标分为若干个阶段或期限，设立阶段性任务，进行阶段性成果考核。

在体育管理中应用目标管理技术要注意以下几点：

（1）依据目标进行决策

决策必须依赖目标，目标是决策的依据，离开目标无法进行科学决策，确定了目标才能设计出更恰当的方案。在体育管理中必须弄清目标与达到目标的方案之间的关系，确立正确的目标比选择方案更重要。

（2）把握好实现目标过程中的控制问题

体育管理者在实现目标的过程中，要设立若干检查和控制环节，以便及时发现问题并纠正，以保证目标管理始终在正确轨道上运行。例如，在体育场馆建设中，可设立场馆模型、实施单位、材料质量、工程质量、综合检查和控制等环节。

（3）注重成果评价

评价类型包括本部门自我评估、主管部门评估。评价方式包括按指标评估、对事评价等。通过成果评价肯定和奖励成效显著的部门，对于效果不佳的部门给予一定的惩罚，不过总体上要以鼓励为主。

（二）学校体育管理

学校体育管理是一项较为复杂的系统工程，包含多个目标、多元结构和多个系列。学校体育管理的内容大概包括学校体育专业管理和学校体育保障体系管理两大类别，各类中又包含若干具体的管理内容。学校体育管理的内容体系如图2-2所示。

学校体育管理内容较多，限于篇幅，下面只分析学校体育专业管理中的体育课程管理和课外体育活动管理，从而提高体育课程建设质量及课外体育活动的开展水平。

1. 体育课程管理

在学校体育改革与管理中，体育课程管理既是重点，也是难点，它是一项包含诸多因素的系统工程。从系统理论出发，一般认为学校体育课程管理系统包括三个分支，分别是教师教学管理、学生学习管理和课程支撑管理，每个分支下又包含具体的管理内容和要素，完整的体育课程管理系统如图2-3所示。

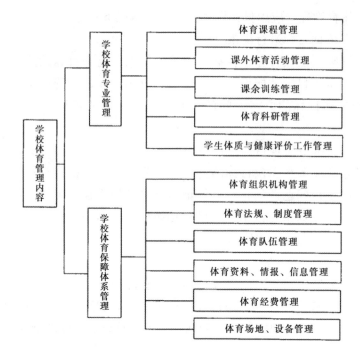

图 2-2　学校体育管理内容体系[①]

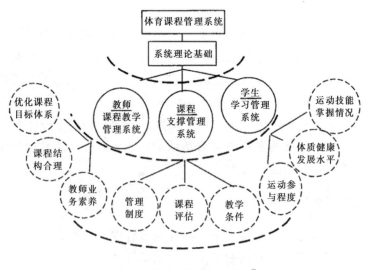

图 2-3　体育课程管理系统[②]

① 肖林鹏.现代体育管理 [M].北京：北京体育大学出版社，2009.
② 顾圣益.现代体育管理学——理论与应用 [M].大连：大连理工大学出版社，2004.

下面具体分析体育课程管理系统中的三大子系统和具体管理事宜。

（1）教师教学管理系统

在体育课程管理系统中，教师教学管理系统居于核心地位，直接影响其他两个子系统。教师教学管理中主要涉及以下三个方面的管理事宜。

第一，对体育课程目标体系的优化。对体育课程目标的层次、难度及要求要有正确的把握。

第二，将体育课程结构合理化。体育教学模块和体育教学内容的组合与搭配就是所谓的体育课程结构。合理化的体育课程结构不仅包括体育课堂教学结构的合理化，还包括课外体育活动中众多模块与体育课程教学内容搭配的合理化，如体育教学内容与课余训练模块、身体素质锻炼模块、运动竞赛模块等的合理搭配。

第三，提升教师业务素养。侧重于丰富体育教师的理论知识，优化知识结构，提升体育教师的教学技能和创新教学能力。

在体育教师教学水平与教学质量的评价中，可以将以上要素作为主要评价指标。

（2）学生学习管理系统

在学校体育课程管理系统中，学生学习管理是根本。在学校体育教育中树立"健康第一""以人为本""素质教育"的思想与理念，一切从学生的现状和发展需求出发，从社会对人才的需求出发，对学生的知识素养、技能素养及综合素质进行培养。在学生学习管理中，主要管理内容和要素包括下列几方面。

第一，运动参与程度。体育教师要科学指导学生将课堂教学内容掌握好，鼓励学生参与丰富多彩的课外体育活动，提升学生的运动兴趣，使其形成良好的运动习惯。

第二，体质健康水平。鼓励学生通过积极参与课内外体育活动来提升体质健康水平和生活质量。

第三，运动技能掌握程度。对于学生而言，在体育课程学习中最主要的任务就是掌握运动技能，学生只有将运动技能掌握好，拥有一定的运动能力，才能采取运动手段来增强自己的体质。需要注意的是，学生掌握运动技能并不是指完成的指标越高越好、掌握的技能越多越好，而是要掌握适合自己的、对自己健康有利的运动技能，如果一味追求高难度、高指标则容易发生运动损伤，危害学生的健康，并挫伤学生的运动积极性。

（3）课程支撑管理系统

在体育课程管理系统中，课程支撑管理居于基础地位，具有保障功效，对保障体育课程实施成效具有重要意义。体育课程支撑管理系统具体包括下列内容。

第一，优化管理机制。建立合理的学校体育管理组织机构，制定机构的运行机制和学校的体育课程管理制度。

第二，优化教学条件。对学校的体育教学资源进行优化，尽可能满足课内外体育活动开展的需要，满足学生参与校园体育活动的需求，提升学生的运动兴趣、参与积极性和参与效果。

第三，做好课程评估。定期检查体育课程目标的达成情况，从学校评估、教师评估、学生评估三个层次着手，将自评、互评和他评，定性评价和定量评价等多种评价方式有机结合起来。

学校体育课程管理系统的三大分支相互关联、相互促进，充分反映了体育课程管理的系统性和整体性。学校在建设体育课程方面的投入程度如何，可以从上述三方面着手制定标准来进行评估。

2. 学校课外体育活动管理

在学校体育管理中，课外体育活动管理是非常重要的组成部分。课外体育活动的开展是增强学生体质和提高健康水平的重要路径。加强这方面的管理，有助于学生体育知识的丰富和知识体系的完善，提高学生的体育兴趣，培养学生良好的运动习惯，提升学生的自主锻炼能力和自我保健能力。

在学校课外体育管理中，要建立符合学校体育目标的组织管理体系，该组织体系一般由主管校长来领导，下设具体的职能部门，职能部门下面又包括具体的年级组织管理和班级组织管理，逐层开展课外体育管理工作。在学校课外体育活动的组织管理体系中，既有纵向层次之间的联系，也有横向各部门之间、各年级之间以及各班级之间的相互协调，把握好纵向与横向关系，有序开展管理工作，落实管理方针政策，将有利于学校课外体育活动的顺利开展，提升开展效率和水平。

（三）健美操课程教学管理

学校体育管理包括体育课程管理，体育课程管理又包括健美操课程管理。在学校健美操课程教学管理中，要遵循学校体育管理尤其是体育课程管理的基本原则，有选择地采用体育课程管理方法，结合健美操教学的特点进行具有针对性的管理。下面具体分析如何在体育管理学理论支持下进行健美操课程教学组织管理和教学常规管理。

1.教学组织管理

健美操教学尤其是实践课教学是在体育馆或户外运动场上进行的，这是体育课教学与其他学科教学的一个主要区别。学生在运动场上进行身体活动，没有像教室那样狭小空间的束缚，但也不是完全不受控的，这非常考验教师的组织能力，教师在健美操实践课中的组织管理能力直接影响教学活动的顺利开展，只有精心安排和组织教学，才能使学生即使在室外运动场上也会找到像在室内上课那样的感觉，这并不是要束缚学生，而是要让学生遵守纪律，注意言谈举止，将注意力集中到观察示范动作和练习上。

健美操教学组织形式还直接影响教学方法的运用效果，教师只有以合理的方式组织教学，才能提高教学效率，取得良好的教学效果。健美操教师的教学技能水平能够从其设计及运用教学组织形式的过程中体现出来。健美操实践课教学中教师通常采用的组织形式主要有以下几种：

（1）集体教学

集体教学的组织形式适用于新内容的教学，采用集体教学的方式，能够统一传授新内容，并对学生学习中存在的普遍性问题集中进行解决。在集体教学中，队形的设计是非常关键的环节，教师要合理设计学生队形，还要为自己选择适宜的站位。

（2）分组教学

分组教学在体育教学中也是很常见的一种组织形式。分组教学的优势在于设计队形比较方便，也节省了集合时间，练习密度大，而且教学的针对性强，教师可以发现各组学生的问题，并进行针对性解决。分组教学是因材施教、个性化教学的主要表现形式，教师主要根据学生的身体素质水平和运动能力进行分组，不同组的学生可以相互交流和学习。

（3）个别指导

学生练习时，教师巡回观察与监督，发现错误时第一时间指出并帮助学生予以纠正，这就是个别指导。这种教学形式在高校体育教学中的运用非常普遍，它的优势在于教师可以了解每个学生的练习情况，发现学生的问题，引导学生及时改正错误动作，并帮助学生找到适合自己的学练方法，提高练习效率。

（4）"小教员"辅导

"小教员"一般是班级里的体育委员或健美操学习速度快和运动水平高的学生，他们在健美操课上的学习热情很足，学习积极性很高，而且学习能力强、运动水平高，是健美操教师的最佳助手。这类学生在课堂上可以以"小教员"的身份辅导其他学生，在课下也帮助其他学生练习，有效减轻了教师的负担。

体育委员或尖子生辅导其他学生的同时也能巩固自己的健美操技术，锻炼语言表达能力、动作示范能力以及合作学习能力，同时也能培养集体主义精神和团结精神。

（5）观摩表演

健美操课上教师经常会让一些掌握动作快、动作质量高的学生站出来给大家表演和示范，其他学生观察、欣赏与学习。这种教学组织形式具有以下几方面的优势：

第一，激励学生进步，提升学生的自信。

第二，促进同学之间互学互助，共同进步。

第三，及时发现学生的问题，并进行纠正与指导。

第四，调节课堂氛围，增加课堂教学的趣味。

在学校健美操教学中，对各种组织形式和教学手段的灵活运用非常重要，一般集体教学适用于新内容的教学中；分组教学和个别指导适用于旧内容的复习与巩固中；教学比赛适用于单项教学中，小教员辅导和观摩表演适合用来培养学生的综合素质。各种教学组织形式都有自己的优点和缺陷，因此要根据健美操教学需要将多种教学组织形式与教学手段综合起来运用。在健美操教学中，如果学生一整节课都不停地练习，难免会感到枯燥，学习兴趣会下降，学习效率也堪忧，对此，教师应在适当的时间采用动作点评、集体纠错、观摩表演、小游戏等教学手段来调节氛围，缓解学生的身体疲劳，使学生以良好的状态投入之后的练习中。

2. 教学常规管理

健美操课堂教学管理是健美操课堂教学的主要工作与任务之一，也是影响健美操课堂教学效率和质量的关键环节。为了保证健美操课堂教学的顺利开展，保证能够高效实施教学方案，按时完成教学任务，取得良好的教学效果，教师和学生都要严格遵守课堂教学常规，自觉规范言行，并相互监督，共同维护课堂秩序，共同创建理想的教学环境，共同为实现课堂教学目标而努力。

健美操教学常规包括教师上课常规和学生上课常规两个部分，因此要分别制定教师上课常规和学生上课常规，并不断完善，这是管理人员督促检查健美操教学工作的重要依据，也是教师管理学生的重要依据，管理人员根据规定对教师的教学行为、学生的学习行为、课堂秩序予以规范和约束，保证教师与学生安全、顺利地完成教学任务和学习任务。一般来说，健美操教师的教学常规主要表现在教案、着装、时间、对场地器材的使用、管理学生、考核等方面；学生的上课常规主要表现在考勤、着装、课堂秩序、使用场地器材、请假等方面。在健美操教学常规管理中一定要重视课堂安全管理，谨记安全第一，在安全的环境下展开教学工作，切实保护学生的安全。

第二节　健美操课程资源开发与利用

一、健美操课程资源概述

（一）健美操课程资源的概念

健美操课程资源是指可能进入健美操课程，直接成为健美操教学内容或支持健美操课程实施的物质资源和非物质资源，是健美操课程建设、编排、实施、评价等整个过程中可利用的一切人力资源、物力资源以及自然资源的总和。①

（二）健美操课程资源的分类

对健美操课程资源进行分类，是以健美操课程资源的性质为依据，将具有相同或相近性质的资源归属为一类，然后再以各种课程资源的特点为依据来区分不同的课程资源。划分健美操课程资源的类型时，标准是不统一的，也就是说可以参考不同的标准，具体要根据实际需要决定参考什么标准进行分类，通过参考不同标准进行分类，有助于分析和解决实际问题。采用不同的标准进行分类时，不同类别的课程资源相互交叉与重叠的现象也时常出现，这是难免的。

健美操课程资源主要有以下几种分类方式：

1. 按照课程资源功能特点的分类

按照健美操课程资源功能特点的不同，可以将健美操课程资源划分为素材性课程资源和条件性课程资源两种类型。

（1）素材性课程资源

在健美操课程实施中，能够直接成为该课程的素材或形成该课程素材来源，从而对该课程的实施起到一定作用的课程资源被称为素材性健美操课程资源。这类课程资源比较典型的有健美操知识、健美操技能、健美操活动方法方式、健美操经验、健美操教师的价值观和情感态度等。

（2）条件性课程资源

条件性课程资源不能直接成为健美操课程的素材，也不能作为健美操课程素材来源，但它依然可以对健美操课程起到作用，对课程实施水平和范围具有一定的决定性影响。常见的条件性健美操课程资源主要有健美操场地设施等物质资源、健美操时间和空间资源、健美操人力资源等，这些资源对健美操课程的实施范围具有直接影响。

---

① 王美英.北京体育大学体育教育专业健美操课程资源开发利用的研究 [D].北京体育大学，2008.

2.按照课程资源存在方式的分类

按照健美操课程资源存在形式的不同，可以将健美操课程资源划分为显性课程资源和隐性课程资源两种类型。

（1）显性课程资源

看得见、摸得着的，能够在健美操教学活动中直接应用的健美操课程资源就是显性课程资源。比如，健美操场地器材、网络健美操信息、健美操教材内容等都属于显性课程资源。这类课程资源是实实在在存在的，在健美操教学中能够直接作为教学内容、教学手段或教学参考使用，相对而言开发利用这类课程资源是比较容易的。

（2）隐性课程资源

以潜在方式作用于健美操教学活动的健美操课程资源即为隐性课程资源。有代表性的隐性课程资源包括在健美操活动中表现出来的神态、美感、表现力，以及团队的凝聚力、集体精神、人际关系等。隐性健美操课程资源是隐蔽的，对健美操教学的影响是间接性的。在健美操教学内容体系中，这类课程资源不能直接构成其中一部分，但是它们潜移默化地影响着健美操教学质量。开发健美操隐性课程资源的难度相对大一些，需要健美操教学工作者付出更多的努力。

3.按照课程资源空间分布的分类

按照课程资源空间分布的不同，可以将健美操课程资源划分为校内课程资源和校外课程资源两种类型。

（1）校内课程资源

校内课程资源指的是学校内部的健美操课程资源，如健美操场地设施、健美操教材、健美操教师等。校内课程资源往往可以直接开发利用，但资源相对有限，需要不断挖掘现有资源的价值，并开发利用一些隐性资源来丰富校内课程资源体系。

（2）校外课程资源

校外课程资源指的是学校外部的健美操课程资源，如能够给健美操课程创编教学带来灵感的时尚健美操项目、能够给学校健美操教学带来启发的俱乐部健美操课程等。开发校外课程资源相对而言难度较大，开发空间广，资金投入多，对学校经济条件和开发人员的综合素质提出了较高的要求。

（三）健美操课程资源观

一般情况下，将人们对健美操课程资源的一些认识、看法和态度称为健美操课程资源观。对健美操课程资源的开发利用应该是开发主体有意识的、积极主动的、充分发挥能动性的活动过程，人的意识活动在这个过程中所发挥的作用非常关键。课程资源的隐性价值如果脱离人的意识活动是不可能被大家认识的，这样一来，这类课程资源就更不可能得到开发利用，从而造成课程资源的浪费与损失。

现阶段，我国一些学校的健美操教师对健美操课程资源的识别能力不足，对资源的潜藏价值认识不到位，缺乏意识活动，开发利用课程资源的能力也较弱，从而导致健美操课程资源的开发程度和利用效果造成严重制约。所以，当下要解决的主要问题是，使健美操教师尽快形成正确的课程资源观，这是开发与利用健美操课程资源的关键。健美操教师课程资源观的形成需要从以下两方面努力：

第一，对健美操课程资源的基础理论知识进行系统学习，予以充分掌握。

第二，勇于实践，在实践中不断总结经验，完善课程资源观，提高开发利用课程资源的实践能力和创新能力。

二、健美操课程资源开发利用的原则

对健美操课程资源的开发利用要贯彻以下几项基本原则：

（一）自主性原则

健美操课程最终是由健美操教师实施的，在健美操课程实施中，教师作为实施主体始终都是非常重要的一环。同样，开发健美操课程资源离不开健美操教师的直接参与，所以健美操教师在健美操课程资源开发方面具有充分的自主权。健美操教师可以从学校健美操教学情况和教学对象的实际需要出发，对健美操课程资源进行具有针对性的开发，立足实际设计健美操课程与教学方案，并在课程实施中对各类课程资源进行加工、调整和完善，充分发挥各类资源的价值与功能，从而提高健美操课程的质量，使课程实施效果达到理想目标。

（二）开放性原则

开发利用健美操课程资源还应该贯彻开放性原则，具体要从三个方面体现开放性，第一是开发课程资源类型的开放性，第二是开发利用课程资源空间的开放性，第三是开发利用课程资源途径的开放性。健美操教师应从这三个方面的开放性出发，对丰富多样的、能够满足教学需要及为课程目标服务的课程资源进行多元化开发和充分利用。

（三）适应性原则

开发利用健美操课程资源要贯彻适应性原则，具体是指既要遵循健美操学科发展规律，将健美操发展的进展和成果反映出来，又要考虑到学生的身心特点、认知特点、学习规律等，同时学校的实际教学条件、健美操教师的职业教学素养等也是必须考虑的要素，从而使开发出来的课程资源符合学校实际，适应师生特征，满足学生需求。如果脱离现状，忽视了课程资源开发与课程实施环境的适应性，将容易造成课程资源的浪费，课程资源的开发利用也将以失败告终。

（四）优先性原则

健美操课程资源本身类型多样、内容复杂，要同时开发利用各类课程资源是不现实的，开发主体要对在开发利用范围内的课程资源进行细致分析和对比研究，具备条件的、符合学生兴趣爱好以及对学生健康发展有益的课程资源，只有先调动学生的兴趣，使学生认识到该课程对自己有益，才能逐步提高健美操教学效果。

（五）目标导向性原则

不同课程资源的特点不同，功能与作用有差异，最终服务的教学目标也不同。也就是说，不同健美操课程资源对不同健美操教学目标所起的作用是有差异的。这就要求在健美操课程资源的开发中坚持目标导向性原则，先明确课程目标，然后依据目标开发课程资源，提高资源开发的针对性与目的性，最终开发的课程资源在利用之后要能够有助于课程目标的实现，真正为顺利实现课程目标而服务。

（六）本土性原则

开发利用健美操课程资源时，本土性原则也是必须遵守的原则之一。在本土性原则下开发的健美操课程资源应该既丰富又独特，要能够体现出地方特色，尤其是民族健身操、舞的特色。地方特色鲜明的健美操课程资源对学生而言更有吸引力。

（七）经济性原则

开发利用课程资源，既要投入资金，又要投入时间，还要投入精力去学习，这就涉及开发资金、开发时间和开发学习过程的经济性。课程资源开发的经济性特点要求我们开发与利用健美操课程资源必须贯彻经济性原则，也就是要考虑开发成本。一般情况下，开发成本过高的健美操课程在普及推广时难度比较大，而且学生的学习成本也会随之增加，这样的经济代价是很大的，对学校而言是比较沉重的负担。鉴于此，开发利用健美操课程资源必须考虑各方面的经济性，降低成本，提高效率。

（八）安全性原则

健美操教学中，增强学生体质、促进学生健康发展是最重要的目标，在以人为本、健康第一的教学思想下，开发利用健美操课程资源必须秉持安全与健康理念，贯彻安全原则。只有先确保学生在健美操课程学习中健康与安全，才能进一步塑造朝气蓬勃、精神焕发的学生形象，才能鼓励学生追求时尚、追求美、追求全面发展。

学校体育教学环境相对来说是比较开放的，健美操教学作为体育教学的一部分，其教学环境的开放性也是显而易见的。教学环境越开放，影响教学过程和教学结果的显性因素与隐性因素就越多且越复杂，如果师生难以应对错综复杂的开放性教学环境因素，那么发生意外事件的可能性就比较大。鉴于此，在健美操课程资源开发中必须时刻考虑安全问题，开发主体的安全意识要高，要具备安全教育能力，使健美操课程在安全的环境下顺利实施，使各类课程资源在良好的教学环境中充分发挥作用。

（九）共享性原则

对健美操课程资源的开发利用不仅仅是开发主体自己的职责与任务，单靠个人的努力是不够的，还需要有关方面共同努力、相互协作。在具体开发利用过程中，要争取社会力量的支持，适应社会发展对健美操的需求，使健美操教学与社会经济、社会文化、社会生活方式以及社会教育资源共享、协调发展。如此才能将所开发的课程资源的价值更加充分地发挥出来。资源共享不仅是指有形的显性课程资源的共享，还包括开发思路、开发理念、开发经验等无形资源的共享。

在健美操课程资源开发利用中贯彻共享性原则，关键是要体现一种思想，提供一种思路，而不是简单地提供劳动成果。

三、健美操课程资源开发利用的模式

（一）健美操课程资源开发利用模式的构建

1. 构建健美操课程资源开发模式的基础

社会健美操课程资源（校外课程资源）与健美操课程资源之间的差异性为健美操课程资源的开发提供了广阔的空间，在健美操资源发展较慢的情况下，可以充分利用这种差异性推动健美操课程资源的有效开发与利用。

社会健美操课程资源与健美操课程资源既有差异性，也有互补性，因此要加强双方互动，弥补校内课程资源的不足，同时还要通过制度建设保证校内外健美操课程资源的有效转换。

2.充分利用社会健美操课程资源

健美操课程资源是影响健美操课程建设的主要影响因素之一。目前,学生尤其是女生对健美操课程的学习兴趣较高,学校应顺势而上,充分开发和利用丰富的社会健美操课程资源,弥补校内健美操教材老套与教学内容单一的缺陷。

3.加快健美操教学改革步伐

健美操课程资源开发利用要与实践教学有机结合起来,深化健美操教学改革,充分发挥各类课程资源的重要作用。

第一,完善健美操课程设置,丰富课程内容,满足学生需要。

第二,改进健美操课程教学方法,激发学生学习积极性,提高学生开发与利用新课程资源的积极性。

第三,改革健美操教学考评体系,注重过程评价,多鼓励学生。

4.加快健美操人力资源开发

(1)师资开发

健美操课程资源开发利用效果直接受健美操教师开发组织能力和教学实施能力的影响,不断提高健美操教师的综合能力和专业素养有助于优化健美操课程资源开发利用的效果。而且作为健美操课程资源中重要人力资源之一的健美操教师,其本身的开发也直接关系着健美操课程资源的总体开发效果。因此,必须挖掘健美操教师的潜力,建立教师培训机制,提高师资资源开发利用的效率和质量。

(2)学生人力资源开发

在健美操人力资源开发中,除了要开发重要的师资资源,还要开发学生人力资源。学生已有的学习经验和能动性,为学生人力资源开发提供了更多的可能性。

(二)构建"校企合作"健美操课程资源共享模式

"校企合作"在高校体育发展中具有重要作用,构建"校企合作"高校课程资源开发利用模式是近年来高校教育改革的一个趋势。顺应这一潮流,在校企合作背景下构建健美操课程资源共享模式,对提高健美操课程资源的开发利用效率及培养大学生具有重要意义。构建该模式主要从培训、课程和活动三个方面着手（图2-4）。

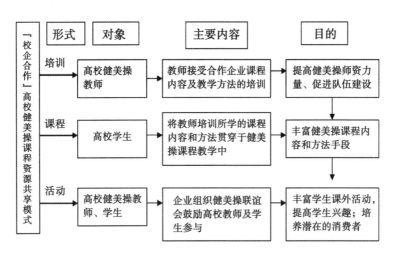

图2-4 "校企合作"高校健美操课程资源共享模式 [①]

1. 培训

培训是提高健美操教师教学能力的重要途径，是丰富健美操教学内容的重要手段。在职培训相当于继续教育，面向健美操教师进行定期、系统且有针对性的培训具有重要意义。在校企合作背景下，可以利用知名体育企业的优势资源以及俱乐部的特色课程，为健美操教师提供专业培训，从而提高健美操课程师资水平。

2. 健美操课程

健美操课程内容比较丰富，社会上比较流行的健美操项目不断被引进健美操课堂中，而且健美操教学内容也不断拓展与延伸，逐渐开设了瑜伽课、有氧舞蹈课等，这些课程时尚新颖，与大学生追求美和时尚的心理需求相符，能够吸引大学生积极上课，为课堂教学增添活力。如果能够将体育企业内一些已开发的较为完善的健美操项目或其他课程资源引进健美操课程体系中，将对激发大学生的学习热情具有现实意义。

① 卓志伟.普通健美操课程资源开发与利用的模式研究[J].体育科技，2015，36（03）：166-168.

3. 课外活动

举办课外活动是培养大学生终身体育思想和习惯形成的重要途径。广义上的课外活动包括校外活动。高校与企业合作举办运动会、健美操比赛等与健美操有关的课外活动，为学生参与健美操运动提供丰富的资源、广阔的空间、成熟的平台以及科学的指导，能够培养学生对健美操运动的兴趣，并促进大学生社会交往能力的提升。这也是健美操教学中课内外一体化教学思想的体现。

第三节　健美操教学原则与内容

一、健美操教学的基本原则

（一）身心全面发展原则

身心全面发展原则指的是，在健美操教学过程中，教师不仅要注重学生的身体发展状况，还要对学生的心理发展状况多加关注。就身体发展而言，教师要在健美操教学活动中向学生教授健美操技术动作，使学生掌握健美操技能，提升学生的身体素质，改善学生的体形和体态；就心理发展而言，教师要在健美操教学过程中帮助学生培养坚强的意志品质和健康的审美情趣，使学生形成乐观积极的心理状态。

想要在健美操教学活动中充分践行身心全面发展原则，需要在教学中做到以下几点：

1. 转变以知识教学为主的教学理念

教师要转变传统的以知识教学为主的教学理念，不仅要注重学生对健美操动作和技术本身的掌握状况，还要采用多样化的教学方式和教学内容，培养学生的学习兴趣，使学生保持放松、愉悦的心情面对学习，帮助学生在品质和道德方面获得新的发展。

2.注重美学教育

健美操是一项非常具有美学价值的运动项目，在健美操教学的过程中，教师要重点突出其美学特点，将美学教育贯穿整个教学过程。教师可以从健美操的动作和配乐入手，在动作创编上多多参考舞蹈元素，增加健美操动作的艺术性和观赏性；在配乐选择上注重其与动作的适配性，体现健美操运动的节奏感和韵律感。在健美操教学过程中注重美学教育，能够使学生在学习中体验美和感受美，提升学生的审美水平。

3.注重学习内容的全面性

教师在健美操教学的过程中，要从学生的发展需求出发，在进行科学研究的基础上设计合理的教学内容，教学内容必须具备全面性，既能照顾到学生的身体发展需求，也能兼顾学生的心理发展需求。就学生来说，要客观分析自己的现实状况，根据自己的发展需要配合教师的教学，对教学内容不可偏废，不能单纯依据自己的兴趣选择学习内容，要严格要求自己同时发展身心。

（二）差异性原则

差异性原则，是指教师在健美操教学过程中要充分考虑学生的个体差异。因为不同学生的体质健康水平、运动基础、学习能力等存在差异，所以不适合采用一刀切的教学方法。教师要根据个体差异程度采取不同的教学方法，对不同水平的学生进行不同的指导，做到因材施教。这就要求教师要具有丰富的教学经验，对学生的身心发育规律、体能差异、运动水平差异有一定的了解和掌握，并能够敏锐地观察每个学生在健美操学练中的表现，进行适时的引导。

（三）师生协同原则

健美操教学中，教师的教与学生的学密切相关，相互影响、相互作用，整个教学过程也可以看作是教师与学生频繁互动、协同完成教学任务的过程。鉴于健美操教学的这一特征，在教学中贯彻师生协同原则非常必要。在健美操教学中，既要承认与尊重教师的主导地位，也要高度重视与尊重学生的主体地位，教师发挥的主导作用与学生主体的能动性相互促进与协调，要特别强调学生发挥主观能动性对提高教学效果的重要性。

在健美操教学中贯彻师生协同原则，要做到以下几点要求：

（1）教师与教学对象之间要建立良好的关系。

（2）教师要使学生掌握适合自己的学习方式，将其学习的主动性与积极性调动起来。

（3）教学过程生动有趣，氛围和谐活泼，师生互动体现出民主性。

（4）师生平等对话，提高互动质量。

（四）启发创造原则

在健美操教学中，教师不仅要传授知识与技能，培养学生的健美操理论与技能素养，还要开发学生的智力，培养学生的意志品质，丰富学生的情感，提升学生的创造力。要完成这些培养目标，就要贯彻启发创造原则，在教学过程中创设情境、设计问题，鼓励学生自主思考，独立或合作解决问题。这也是素质教育的要求。

在健美操教学中贯彻启发创造原则，要做到以下几点要求：

（1）激发学生的学习动机和热情，培养学生探索与创新的积极性。

（2）将培养学生的思维能力作为教学目标之一。

（3）设置适宜的、能够启发学生自觉思考的问题情境。

（五）审美性原则

健美操运动本身就蕴含着美的元素，学生在参加健美操运动的过程中会呈现出健康美、运动美，在音乐伴奏下，健美操还具有音乐美。下面具体分析健美操审美的表现。

1.健康美

健康美是身体美的一种基础表现，男子的壮美、女子的优美都是健康美的表现。生存于大自然中的人其最自然、最根本的特征是从其本身的健康状态中反映出来的，因此身体美必须建立在健康美的基础之上。健美操运动发展中一个最基本的目标就是使人通过跳健美操达到健康美的效果。

健美操的健康美包括身体健康美和精神健康美。

（1）身体健康美

健美操运动教学的身体健康美是指学生身体结构的健康状态，也就是学生从健美操运动中获得健康的身体形态、身体机能与运动素质。

（2）精神健康美

健美操精神健康美主要表现在人性健康美和气质美两方面，见表2-1。

表 2-1　精神健康美[①]

精神健康美	主要表现
人性的健康美	丰富的情感 基本的道德 高度的理性 坚强的意志
气质美	形体健康挺拔 修养和心态良好 言谈举止礼貌得体

2.运动美

健美操的运动美是非常独特的，具体表现为动作美、技巧美和表现美三个方面。

（1）动作美

健美操运动的动作美主要体现为运动者在跳操时的刚健美、柔软美、用力美、放松美、爆发美、速度美、轻快美以及优雅美等。

（2）技巧美

健美操运动中含有一定的技巧,也就是技术的巧妙,从这一点来看,技巧美指的就是技术的巧妙美,具体包括造型美、准确美、变化美、韵律美以及和谐美等。

（3）表现美

健美操运动的表现美是指在运动过程中体现出来的姿势美、结构美、情感美以及精神美等。

---

① 张冰妹.健美操课的教学优化研究[M].北京：中国纺织出版社，2020.

表现美在健美操比赛中展现得淋漓尽致，运动者在比赛中用美好的身体动作最大化地表达情感，整个比赛中表现出来的动作姿态是遵循美的规律而创作的成果，具有程式美、规范美和风格美，将审美情趣深深融入其中。

健美操的表现美从更直观的角度来看，是通过一定空间形式中的构图、舞蹈画面以及音乐律动而呈现出来的。

表 2-2 是对上述健美操运动美的各种表现的直观呈现，使人一目了然。

表 2-2　健美操运动美的主要表现

健美操运动美	美的表现
动作美	刚健美 柔软美 用力美 放松美 优雅美 速度美 爆发美 轻快美 ……
技巧美	造型美 准确美 变化美 韵律美 和谐美 ……
表现美	姿势美 结构美 情感美 精神美 ……

3. 音乐美

健美操的音乐包含多种常见的音乐风格和节拍形式。作为健美操的灵魂，音乐是健美操审美的根本因素，没有音乐，健美操就没有审美可言。健美操项目较多，不同的项目搭配不同风格、旋律的音乐。人们在音乐中跳操、起舞，动作与音乐节奏一致，将音乐的情感、健美操的意境都通过肢体动作传达出来，充分彰显健美操的艺术感染力。

健美操的音乐是表达情感的重要手段，是吸引和感染观众的重要方式，动作与音乐的浑然一体能够将观众带入神奇的微妙情感和审美境界中。健美操的音乐还具有对健美操动作的控制作用。在健美操比赛中，参赛者节奏同步，动作如行云流水一般，这不仅是对参赛者单纯运动技能的考验，而且还是对参赛者根据音乐引导控制动作的能力的考验，只有跟随音乐的指挥，才能使肢体动作与音乐旋律完美协调，给观众带来和谐的表演作品和美好的视觉盛宴。

总之，健美操有着极高的审美价值，因此健美操教学要遵循审美性原则，在教学过程中注重培养学生的审美意识与能力，并引导学生形成优美的运动姿态、和谐的运动节奏，充分展现出健康美、运动美和音乐美。此外，鉴于健美操运动的审美特性，在健美操教学中还要突出各类项目的审美文化内涵，并在动作教学中尽可能将各个审美内容与元素充分展现出来，并将审美教育融入健美操课程建设与教学中，有效培养与提升学生的审美文化素养和健美操艺术表现力。

二、健美操教学的基本内容

健美操教学的内容大体可以概括为健美操理论知识与技术动作。

（一）健美操理论知识

健美操理论教学主要是向学生传授与健美操运动相关的基础理论知识，具体涉及如下方面：

（1）向学生作健美操的总体概述，让学生形成对健美操的基本认识，概述的内容包括健美操的概念、健美操的种类、健美操运动的特征、健美操运动的意义、健美操的功能，健美操的发展状况。

（2）向学生介绍健美操术语，包括健美操术语的概念、健美操术语的构成、健美操术语的记写方法、应该如何使用健美操术语以及健美操术语使用时的注意事项。

（3）向学生介绍健美操的基本动作，包括基本动作的概念、基本动作的特点与作用、基本动作的主要内容等。

（4）健美操基本动作绘图技法，绘图的意义和作用、绘图的种类和学习表现方式、单线条图的绘画方法、动作的完整记写方法。

（5）健美操音乐教学，包括健美操音乐的作用和意义、健美操常用的配乐种类、健美操配乐的选择、健美操音乐的使用和剪辑、音乐欣赏等。

（6）健美操教学的相关介绍，包括健美操教学的任务、健美操教学的特点、常用的健美操教学方法、健美操教学手段等。

（7）健美操常用训练方法的介绍，包括健美操训练的原则、健美操训练的内容、健美操的训练方法、健美操的训练过程、训练安排以及训练时候的注意事项等。

（8）健美操训练中需要掌握的科学理论，包括训练生物学、运动心理学、美学等学科的理论。

（9）对健美操创编相关知识的介绍，包括创编健美操时需要注意的因素、创编健美操需要具备的技能、不同种类的健美操的不同创编方法等。

（10）健美操的裁判方法，包括健美操裁判的规则、评分的内容、评分的标准与方法、裁判员的组成与职责等。

（11）对组织健美操竞赛的介绍，包括竞赛的意义、不同的竞赛形式及相关的内容、组织竞赛的相关事项和要求等。

（12）健美操运动的科学研究方法，包括对健美操进行科学研究的基本方法、科学研究的程序、科研论文的写作等。

（13）健美操教学课程的相关介绍，包括健美操教学课程的种类、结构、组织等。

（二）健美操技术动作

在健美操实践课上主要向学生传授健美操技术动作，如健身健美操基本动作、组合动作、成套动作；竞技健美操基本动作、成套动作（包括操化动作、难度动作、过渡与连接、同伴协作）以及表现力训练等。此外，有时在技术课上还会教一些拓展性的实践教学内容，如器械健身操、街舞等。在技术教学中要贯穿理论讲解，使学生深入理解理论知识，更好地掌握技术动作。

第四节　健美操教学的组织与实施

一、健美操教学的组织形式

健美操课程教学的组织形式主要包括理论课与实践课两种类型。

（一）健美操理论课

健美操理论课主要是教师向学生介绍健美操相关的基本理论知识，组织形式则是教师在课堂上进行口头教学、板书演示、新媒体教学等。

（二）健美操实践课

健美操实践课主要是指学生在教师的指导之下进行身体练习，但是有时实践课上也会伴随着理论知识的讲解，如教师一边向学生进行动作展示，一边进行动作讲解，这样更有助于加深学生对动作的理解和记忆。健美操实践课的内容主要是教师指导学生进行身体练习，帮助学生提高身体素质、改善身体形态、掌握健美操技能。健美操实践课主要包括引导课、新授课、综合课、复习课以及考核课，下面我们对这几种课程形式进行阐述。

1. 引导课

健美操实践课的第一课一般被叫作引导课，开设引导课的目的是让学生在系统地进行身体训练之前，先对健美操训练形成一个基础的认识，比如健美操训练的主要特征、健美操的锻炼价值，课程的教学任务、教学规划、教学目标等。教师可以在引导课上先带领学生进行一些身体训练，比如让学生感受一些健美操的常用动作等，帮助学生形成对健美操运动的具象认识，使学生形成对课程难度的大致评估，帮助学生树立学习目标、端正学习态度。教师在开设引导课的时候还要注意对学生学习兴趣的培养，可以采用多种教学形式，比如新媒体设备等激发学生的学习兴趣，以便为接下来的课程作准备。

2. 新授课

新授课是指教师在课堂上向学生教授新的健美操内容，并让学生大致掌握教学内容的课程。进行新授课有以下几个方面的要求：

首先，因为新授课的内容学生是第一次接触，因此，为了让学生形成对动作的正确认识和了解，教师必须进行非常详细的动作展示，在展示的时候还需要配上相关的动作讲解。教师在动作展示的时候需要特别注重动作的标准性，要将肌肉的牵动和关节的转动都做到位，保证身体姿势和技术动作无误。在新授课的教学过程中还可以采用多种教学方式，比如可以用分解法、带领法处理多关节、多部位的复杂动作，可以帮助学生了解动作走向，掌握身体各部位姿势的改变。

其次，适当的压力能够促进学生的进步，所以教师在制订新授课的教学计划的时候，要根据教学发展的客观规律，为每节课制订难度合适的教学任务和教学目标。同时，教学过程中的及时纠错对于学生正确地学习动作也非常重要，教师要在动作讲解和示范的时候就将常见的错误指出来，预防学生犯错；还可以在学生练习的过程中对学生进行观察，对于发现的错误及时予以纠正。

3. 综合课

综合课是一种在教学实践中非常常见的教学课程，一般是指既要对之前学习过的内容进行复习，又要开始学习新的内容的课程。教师在开展综合课的时候应该注意以下几个方面：

首先，要合理安排综合课上复习和学习新内容的顺序。一般在教学实践中，教师会选择先对之前学过的内容进行复习，再开始学习新的内容，这样做能够让学生通过复习比较熟悉的内容而快速进入学习状态。

其次，教师要采取合适的方式引导学生对之前学习过的内容进行复习，可以采用回忆、动作练习、提问等方式，让学生对之前学习过的姿势、动作、技术以及易错点复习，帮助学生巩固学习过的内容。

最后，教师要重点关注学生在进行复习的时候产生的错误，并探究学生容易产生这些错误的原因，并指导学生如何纠正。

4. 复习课

复习课主要是复习之前学习过的内容，教师在开展复习课的时候要注意以下几点内容：

复习课的形式应该以动作练习为主、讲解为辅。复习课要给学生大量的复习时间，让学生在课堂的练习中纠正和改善动作，提高动作、技术水平；讲解一般围绕学生的错误进行，要注意讲解语言的简短精练。

教师在复习课上的指导要采用整体指导和个别指导相结合的方式。在个别指导的过程中可以根据学生的不同基础给予不同的指导意见，对于基础比较好的同学可以表示肯定并为其制订难度水平更高的学习目标；对于基础比较薄弱的同学进行鼓励，帮助其改善动作，提高技术水平。

教师可以在复习课上采用分组教学的教学形式，将学生分成不同的小组，小组成员互相进行检查、帮助纠正动作，一方面能够减轻教师的教学负担，一方面能够增加课堂互动性和趣味性，还能够使每个学生都不会被忽视。

教师还可以采取表演形式检查学生的练习成果。请一个学生或一组学生上前表演，其他人观察，这样可以直观地看到每个人的优缺点，帮助所有学生在练习中发扬优点，改正缺点，进而改进、提高动作技能，提高学生在课堂上的积极性。

5. 考核课

考核课是指对学生的学习成果进行考核的课程形式，教师在进行考核课的过程中需要注意以下事项：

首先，教师要向学生作考核基本事项的通知，包括考核的目的、考核的要求、考核的评分标准等。

其次，教师要向学生明确考核范围，并要求学生进行相关的复习工作，以便考出学生的真实成绩。

最后，因为健美操考核是一项运动考核而不是理论考核，所以无法做到所有学生同时开考，但是为了保证考核的效率，建议教师每次同时对两名学生进行考核。

二、健美操教学的实施方法

（一）准备部分

1.设计健美操动作

（1）对课程的类型、学生的健美操基础、学生的学习需求等状况进行调研和分析，确定教学目标，根据教学目标设计健美操动作。

（2）在进行动作设计的时候，要充分考虑到学生在不同阶段的学习状况，根据不同的学习阶段设计难度等级不同的动作，满足学生的多样化需求。

（3）完成动作设计和组合的工作之后，教师本人应该先加以练习，保证对动作的熟练程度，展示自己的专业性，这样不仅有助于保证课程的效果，还能增强学生对教师的信任感。

2.选择教学方法

教学方法是教师教学能力的重要体现，能够对教学效果产生重要的影响。教师在健美操的教学过程中，要根据学生的学习能力以及课程的特点，选择合适的教学方法，保证既让学生能够在教学过程中学到健美操技能，又让学生感受到学习健美操的乐趣。一般来说，健美操的教学课程包括初级阶段、中级阶段和高级阶段三个阶段，下面我们从这三个阶段入手，详细阐述不同阶段的健美操教学方法需要注意的内容。

（1）初级阶段

①每教一个新动作都要向学生详细介绍这个动作的名称。

②进行动作示范的同时为学生讲解动作要领。

③做动作示范时保证自己的身体姿势正确、动作到位、技术标准。

④放慢教学速度，给学生充足的学习和练习的时间。

⑤开始进行动作组合，将两个动作结合在一起，教学速度要慢，让学生有充分的时间感受动作。

⑥形成动作组合之后，可以多重复几次教学，引导学生进行重复

练习。

⑦教学以基础的单个动作为主，少量教组合动作。

⑧暂时不教上肢动作。

（2）中级阶段

①动作的设计相较于初级阶段有一定的难度，但是比较容易理解。

②可以开始教一些比较复杂的组合动作，一个组合里面可以包含6—7个单个动作。

③将上肢动作加入教学。

④加入转体和方向的教学内容。

⑤加入动作节奏的内容。

⑥将简单动作和复杂动作结合在一起。

⑦丰富课程形式，增加课程的趣味性。

⑧对学生加以肯定和鼓励。

（3）高级阶段

高级课程具有难度较大的特点，为了降低学生的畏惧心理和枯燥感，要注意从以下几方面增加课程的吸引力：

①加快音乐节奏。

②增加有关方向和转体的教学内容。

③增加相当多数量的上肢动作。

④动作组合中单个动作的数量可以增加到8—10个。

⑤难易动作结合训练。

⑥要将难度动作进行分解。

因为动作比较复杂，所以教师在进行动作讲解时一定要保证讲解的内容清楚、标准。

3. 选择音乐

（1）首先要根据设计的健美操动作选择音乐，使音乐和动作具有较高的匹配度。

（2）选择节奏感比较强的音乐。

（3）根据不同教学阶段动作特点的不同，及时更换音乐，尽量不要长时间使用同一种音乐。

（4）可以多准备一些备用音乐，根据使用不同音乐时的教学效果，选择效果最好的作为配乐。

4.编写教学方案

编写教学方案是教学过程中非常重要的一个环节,一方面它使教师的教学准备更加充分,增加教师的信心,提升教学效果;另一方面,它是对教师工作的一种记录,长期记录动作的组合编排也有利于进一步提高教师的能力和不断提高课程的质量。表 2-3 是一份具体的教学方案,以供参考。

表 2-3 健美操课程教案举例[1]

课程类型:中级课程		日期:
设备:小型音响		音乐:大众健身音乐(一)
目的:使学生掌握基本步伐,了解基本步伐组合的教学方法		
任务:培养学生的弹动性和韵律感		
动作组合	教学方法	课堂组织
2A+2B+4C+D+2E 注释: A=一字步(4拍)1×8 B=V字步(4拍)1×8 C=吸腿(2拍)1×8 D=侧交叉(4拍)1×4 E=侧点地(2拍)1×4	1.金字塔法 2.过渡动作法 3.连接法	1.先用倒金字塔法教 A 动作和 B 动作(镜面示范)。 2.用连接法连接 A 和 B,即:A+B。 3.用过渡动作法教 C 动作、D 动作和 E 动作。即:C+D+E(背面示范)。 4.用连接法连接 A+B 和 C+D+E,即: 　A、B,C、E,D+E,A+B; 　C+D+E; 　2A+2B+4C+D+2E。

5.布置场地、准备器材

(1)教师要在正式开始上课之前,先对教学场地进行检查,保证场地能够顺利使用。

(2)准备好上课要用的器材,如哑铃、踏板、垫子等,并布置在不影响其他课的开设且便于取放的地方。

---

① 张云华.健美操教学与训练[M].兰州:甘肃文化出版社,2002.

（二）基本部分

1. 课程介绍

课程介绍的目的是让学生对本节课的教学内容、教学目标等有基本的了解，方便教师展开课程。课程介绍一般在正式上课的前几分钟进行，具有简短精练的特点。

2. 设计队形与示范动作

健美操的练习队形应该根据教学场地的特征和学生的数量设置。首先，因为健美操运动中包含大量伸展幅度较大的动作，所以在设置练习队形的时候要充分考虑学生之间的间隔和距离，为每个学生留大概 2 平方米的空间；其次，要保证队列中的每位学生都能够清晰地听到和看到教师的讲解和动作展示，学生之间还能够进行交流沟通；最后，如果健美操教学中有使用器械的需要，还要根据器械的特征对学生的站位进行调整。

健美操教师的动作示范一般是在某个固定的位置进行的，因为在整个健美操的教学过程中包含大量的动作示范和提示，为了照顾到所有学生，最好能够在示范台上进行授课。但是如果在示范台上达不到理想的示范效果，教师还可以对队形进行调整，以便每个学生都能观察到教师。

3. 组织练习

健美操教学过程中最常用的练习形式就是集体练习，而集体练习形式又包括集体同时练习和集体分组练习两种，下面我们进行具体阐述。

（1）集体同时练习

集体同时练习即让所有的学生同时做同样的动作，其优点是比较简单、便于教师的指挥，容易达到练习的强度和密度要求；其不足之处是形式比较单一，容易使学生感到枯燥，从而失去对练习的兴趣，需要教师特别重视与学生的沟通和激励方法的运用。

（2）集体分组练习

集体分组练习即把学生分成若干组，同时或依次做不同的动作。这种练习包括目前在国外非常流行的循环练习，以及加入各种队形变化的练习方式。集体分组练习加强了学生之间的配合与联系，增加了练习的乐趣，同时把教师的主要工作从单纯的领操中转移到课堂的组织，从而对教师提出了更高的要求。

在实际的健美操教学中，教师一般会在课堂上同时采用集体同时练习和集体分组练习两种练习形式，这样不仅能让学生保持良好的练习强度和密度，还能增加练习的趣味性，使学生将注意力集中到练习上，从而取得理想的练习效果。

4. 观察和调整

虽然一般教师在上课之前都会对课堂状况进行预测并制订比较详尽的教学计划和教学流程，但是实际的课堂可能会和教师的事先预想有所出入，因此教师不能过于依赖自己的教学准备。教师要在课堂上对学生的表现进行细致的观察和分析，从而判断教学效果，再根据教学效果对教学内容、教学难度、教学方式等进行调整，形成合理的教学模式。

5. 教学激励

教学过程中，教师的激励对学生来说非常重要，能够使学生形成愉悦和振奋的心理状态，增强学生的信心，成为学生的学习动力。因此，教师要在教学活动中善用教学激励，采用合适的方式肯定学生、鼓励学生，使学生获得心理上的满足感，向更高的学习目标努力。

（三）结束部分

1. 交流和反馈

交流和反馈是帮助教师了解教学效果的重要途径，因此教师一定要在教学课程结束后留一定的时间和学生进行交流沟通，听取学生的教学反馈和建议，并以此为依据对自己的教学内容和教学方法等进行调整。交流反馈的时间不用太长，一般几分钟即可。

2.总结和改进

教师要在课后结合学生提出的反馈和建议对自己的教学做出评估，肯定其中的长处，否定其中的不足，寻找解决问题的方式。只有及时详尽地进行总结，教师才能在此基础上不断改进自己的教学，提高自己的教学水平。

健美操教学实施程序如图 2-5 所示。

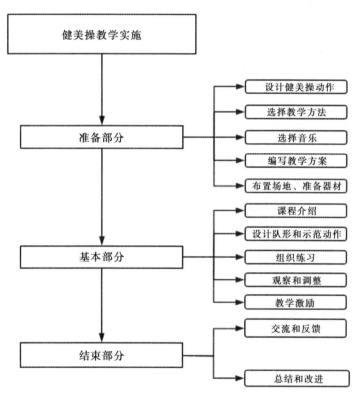

图 2-5　健美操教学的实施方法

第五节　健美操创编教学

一、贯彻健美操创编原则

（一）健身性健美操创编原则

1. 针对性原则

编排健身健美操时，要对参与者的实际情况有所了解，清楚不同类型的参与者各有哪些要求，同时也要了解参与者的身体情况，是否有运动功能缺陷或身体功能疾病等。此外，参与者的身体形态、运动素质、运动基础、心理状态以及其参与健美操健身运动的现实环境等也都是需要考虑的因素。

2. 合理性原则

健身健美操创编要贯彻合理性原则，具体表现为结构合理和运动负荷合理两个方面。

（1）结构合理

健身健美操的创编离不开科学创编思想的正确指导，要创编出具有科学性、健身性的健身健美操成套动作，就要遵循科学的规律和创编原则，要清楚健身健美操成套动作的结构组成。一般来说，健身健美操成套动作由以下三个结构要素组成：

准备部分：准备部分是为基础部分做准备的环节，使身体状态从静止变为运动，同时也要做好呼吸上的调整与准备，通过深呼吸调整状态，准备迎接有一定运动强度的练习。准备部分的准备工作既有思想上、心理上的准备，也有身体上的准备，身体准备活动以肌肉拉伸和关节活动为主，要注意呼吸的配合。

基本部分：在一套完整的健身健美操成套动作中，最主要的就是基本部分。基本部分主要是在一定运动负荷下完成练习活动，包括肌肉练习、关节活动、操化练习、跑跳练习、垫上练习等。通过这些练习，可以起到消耗能量、减脂塑形、锻炼身体机能、提升身体素质的作用。在基本部分的创编中，要注意肌肉拉伸练习的规范性。

结束部分：结束部分主要是做一些放松练习，运动负荷相对较小，进行肌肉拉伸以达到放松的效果，促进身心恢复。

在上面三个部分的编排与设计中，不要突然增加或降低运动负荷，要逐步增加或减少运动负荷，同时要注意相邻部分之间的衔接。

健美操运动有很多种形式，一些学生喜欢参与短小类的健美操练习，时间5—10分钟，这类健美操虽然时间短，但是结构组成上依然包括上述三个部分。短小类健身健美操强调关节练习的多样性，对培养学生肢体的灵活性具有重要意义。根据参与群体年龄的不同，可以将健身健美操分为青少年健美操、中老年健美操等，此外还有一些特殊形式的健美操，如太极健美操、手指操等，这些健美操运动形式各异，各具特色，功能上各有侧重，适合的群体也不同，但不管是什么形式的健美操，基本结构都是由准备部分、基本部分和结束部分三个部分组成的。

（2）运动负荷合理

在一整套健身健美操成套动作的创编中，对运动负荷的合理安排与调控至关重要。健身健美操成套动作主要安排中小强度的运动负荷，以有氧供能为主，将负荷控制在最佳范围内可以最大化地提高参与者的健身效果。

在健身健美操锻炼中，动作速度、动作幅度、动作力度以及练习时间与次数都会影响运动负荷，相同时间内运动负荷随着动作速度的加快、动作幅度的加大、动作力度的提升以及练习次数的增加而变大。在健美操健身锻炼中要保持适度的动作速度、幅度、力度，合理安排重复次数，使运动负荷保持在适宜范围内。

在健身健美操运动负荷的设计中，负荷的变化应该是循序渐进的，不是突然骤升或骤降，上升与下降的变化曲线呈波浪式轨迹。在一套健身健美操套路中，运动负荷的高峰一般最多出现三次，每次高峰对应的是不同的运动强度，强度可逐步增加或减少，而不应完全相同。运动负荷出现高峰的次数随着成套动作时间的增加而增加。一般学校健身健美操以 10 分钟左右的短小操类形式为主，而俱乐部的一套健身健美操时间多在半小时以上。

健美操步伐和手臂动作的运动强度都会受到一定因素的影响。一般来说，腿部动作幅度、腿部动作速度以及腿部肌肉力量的控制是影响步伐动作运动强度的主要因素；手臂动作幅度、动作速度是影响手臂动作强度的主要因素。

3. 有序性原则

在创编健身健美操运动时要对成套动作进行有序安排，强调动作之间的连贯性，按照一定规律将多个动作衔接起来，使参与者较好地掌握健美操动作，提高锻炼的效率与效果。健身健美操动作的连贯、有序、流畅特别重要，步伐的流畅性尤为关键，只有在编排中做到这一点，才能保证参与者在成套动作锻炼中不间断、不卡顿，一气呵成，提高锻炼效果，同时也能预防发生运动损伤。

健身健美操创编的有序性与流畅性不仅体现在前后动作连贯衔接，还体现在身体各部位活动的流畅性，例如，由内向外有序活动或由外向内有序活动；由上向下有序活动或由下向上有序活动；由身体局部活动向整体活动的有序过渡与流畅衔接；由单一动作向综合复杂动作的有序过渡；等等。为了便于学生学习，在创编健身健美操的过程中要对复杂动作进行有规律的分解。一个完整的健美操动作是步伐、上肢及躯干活动的结合体，可将这个整体划分为单个的身体动作，先进行单一动作的练习，如分别练习步伐、手臂动作、躯干动作，然后将两个动作结合起来练习，在此基础上再加一个动作进行组合练习，最后将多个动作结合起来进行完整练习。健身健美操动作富于变化，为了便于学习与掌握，应先将动作原形做好，然后再加入变化，逐步掌握与提升。

4. 创造性原则

健美操是一项综合性体育项目，包含了体操、舞蹈、音乐等多个元素，因此在健美操创编中要适当地将体操、舞蹈等动作融入其中，吸收相关项目的动作元素，进行独具创造的设计与编排，最终突出健身健美操运动的表现力、艺术性、娱乐性、健身性。

现代健美操运动在产生之初很好地将体操动作与美国盛行的迪斯

科舞蹈动作结合起来，这项独具个性的有氧运动早期就吸引了很多舞蹈爱好者和体操爱好者的参与。人们之所以能够接受融舞蹈与体操于一体的健美操运动，主要是因为这项运动既有健身性，也有娱乐性。经过以吸收舞蹈动作来创编健美操动作的初步尝试后，这种在吸收与借鉴基础上进行创编的行为越来越普遍。更多的舞蹈动作被融入健美操运动中，但不是简单拼接舞蹈动作，而是在原来舞蹈动作的基础上进行创造性的改变，吸收不同风格的舞蹈动作后，健美操风格也变得越来越多元化，健美操形式也越来越丰富，出现了拉丁操、爵士操、搏击操等有氧健美操运动。

健美操运动对不同风格舞种动作的吸收体现了强大的包容性。吸收舞蹈动作而创编健美操是健身市场的需求，也是健美操发展的必然趋势。健身健美操创编者的专业水平主要就体现在其能否借鉴舞蹈素材或其他相关项目的动作而进行独具创造性的设计与编排。

借鉴其他项目的动作而进行健身健美操创编，需要对以下几方面的要点予以重视。

首先，在成套动作中可以吸收舞蹈动作或其他项目的动作，但要保证具有统一的风格，而且风格应该是鲜明的和独特的。舞蹈是艺术类项目，与时代、文化密切相关。舞蹈的风格与特征往往能够将其所处时代的文化特性体现出来，因此将具有时代性与文化性的舞蹈动作融入健美操成套动作中时，要考虑受众的文化背景，与受众文化背景相符或接近，才能保证受众尽快接受健美操，才能提升健身效果。而如果不对舞蹈的文化背景和时代背景予以考虑，不加选择地融入多个舞种的动作，盲目追求动作的丰富，容易使健身者练起来毫无头绪，有一种鱼龙混杂的感觉。总之，吸收与借鉴其他素材时，要考虑受众的消化能力和接受能力，为了使受众乐于接受和快速消化，还需要对原素材内容进行适当改变与调整。

其次，基于对健美操特点的考虑而吸收舞蹈或其他项目的动作。不管借鉴什么项目的动作，都要经过严谨思考、认真分析、适当改造、创新运用的过程。健美操运动本身的风格特点主要表现为热情奔放、有强烈的节奏感、韵律鲜明、动作有力、动作衔接流畅等，这些都是创编者需要考虑的因素。借鉴与使用其他项目的动作时，要符合这些风格特点，而且也不能违背人体运动规律。

最后，在健身健美操成套动作创编中，要根据成套主题而选配相应风格的音乐。所以要先将成套作品的主题、中心思想明确下来，然后有针对性地筛选适合的音乐，这样才能使健美操音乐增强健美操动作艺术感、突出健美操风格、表达健美操意境以及渲染气氛的作用充分发挥出来。

（二）竞技性健美操创编原则

1. 多样性原则

竞技健美操成套动作中包含不同风格的动作、不同类型的动作以及不同难度大小的动作，操化、难度等各类动作要达到一定的均衡性。竞技健美操的多样性与均衡性缺一不可。多样性具体表现在以下几个方面：

（1）竞技健美操动作组合的多样性。

（2）竞技健美操动作节奏的多样性。

（3）竞技健美操移动路线的多样性。

（4）竞技健美操过渡动作的多样性。

上述竞技健美操的多样性在竞技健美操竞赛规则中都有明确的规定。之所以规定竞技健美操要有多样性，主要是为了使竞技健美操的观赏价值更突出。内容丰富的竞技健美操成套动作能够将健美操运动员多方面的能力体现出来。

从当前国内外健美操比赛的开展情况来看，成套动作多样化是一个重要特色与趋势，因此在竞技健美操成套动作的创编中，应该顺应这一发展趋势，紧跟时代潮流，创编出内容丰富多样且均衡的成套动作。竞技健美操成套动作的均衡性主要从类别数量均衡和结构均衡两个方面体现出来，在一套动作中不能过多出现同一类操化动作或同类难度动作，要从运动员自身情况出发进行适当安排。此外，竞技健美操成套动作中难度动作虽然占有重要地位，分值较高，但也不能盲目编排太多难度动作，而且并非难度越高就越有利于取得比赛胜利，具体还要视运动员的竞技能力及整套动作的风格而定，要确保运动员可以凭借自己的竞技能力优美地、高质量地完成难度动作，否则这会成为主要扣分点。

2. 流畅性原则

竞技健美操成套动作的编排必须贯彻流畅性原则，这主要针对的是对连接与过渡类动作的编排。竞技健美操成套动作的优劣有很多判断标准，而连接与过渡类动作是否流畅就是其中一个非常重要的评价指标。

在竞技健美操创编中遵循流畅性原则，需要注意以下几点。

（1）动作组合流畅。

（2）难度动作与前后动作衔接自然。

（3）路线变化流畅。

3. 个性化原则

不同的竞技健美操运动员之间都或多或少存在差异，具体表现在外形、身体素质、运动能力、擅长的健美操风格等方面。基于这一事实，在竞技健美操成套动作创编中应充分掌握运动员的个性及实际情况，并充分挖掘个人的特点、优势与潜能，然后进行个性化创编，使运动员能充分发挥个性与优势，并实现自己的个人价值。

（三）表演性健美操创编原则

1. 以音乐为灵魂原则

音乐是健美操不可缺少的重要组成部分，可以给创编者带来灵感。在表演性健美操的创编中，要准确表达音乐内涵，或先制作音乐，再进行动作创编，使动作与音乐完美结合。

2. 丰富性原则

观赏性是表演性健美操的主要特征。变化、冲突、优美、移动的事物很容易吸引人们的注意力。因此在表演性健美操的创编中，除了需要呼应的情况下，应尽可能避免出现重复动作，保证成套动作中动作内容、动作路线、空间利用、节奏变化、人员调动的丰富性。

3. 艺术性原则

艺术性是健美操的重要特点，由于目的与条件等方面的限制，在健身健美操与竞技健美操的创编中难以将艺术性作为首要创编目的与原则，而表演性健美操的创编可以做到这点，在创编中尽可能充分展现健美操的艺术魅力。

健美操创编原则如图 2-6 所示。

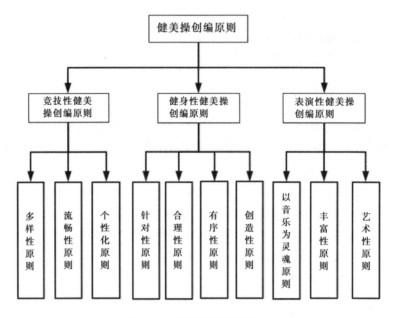

图 2-6　健美操创编原则

二、掌握健美操动作创编方法

（一）单个动作创编方法

在健美操动作创编中，单个动作创编是基础，对成套动作的创编是从单个动作开始的。在培养学生的创编能力时，要先指导学生创编单个动作，使其树立创编意识，培养创编兴趣，然后逐步进入对组合动作和成套动作的创编。

在单个动作创编中，可以让学生根据给定的步伐动作创编相应的上肢动作，学生创编时，引导其充分思考，发挥想象力，在学生完成创编后，鼓励其将自己创编的动作表演给同学和教师看，以培养其健美操表现力，同时也能使其他学生学习借鉴。在初步编排阶段，教师要多鼓励学生，采用启发的方式来指导学生，使学生有信心，相信自己，并勇敢将自己的创造性思维融入动作的编排中。教师在评价学生的编排成果时，要多表扬学生，尊重学生的想法，但也要指出不合理的地方，帮助其完善。

（二）组合动作创编方法

完成单个动作的创编后，进入组合动作创编阶段。鉴于学生能力有限，所以先对学生进行分组，各组学生合作完成组合动作的创编任务。

教师先布置简单的组合动作创编任务，如 1×8 拍组合动作，学生对基本创编方法有所了解后，先排列组合单个步伐动作，再创编手臂和步伐的组合动作。关于步伐顺序的排列，学生可自由完成，但要根据已有步伐动作来编排手臂动作，使手臂动作与步伐动作的组合符合健美操特点和人体活动规律。学生完成组合动作创编后，教师引导学生在原有组合动作的基础上进行变化处理，如动作方向的变化、动作路线的变化、动作节奏的变化等，使学生对健美操的丰富性、立体性有深刻的体验，同时促进学生创编思维的拓展与提升。

完成简单的组合动作创编后，进入有一定难度的创编阶段，即完成 4×8 拍组合动作的创编，教师要先选好配套的音乐，让学生根据音乐进行创编。在这个创编过程中，要重点使学生掌握如何把握动作之间的衔接关系，如何运用好过渡动作，从而使创编出来的组合动作更流畅、连贯。

在组合动作的创编中，学生要充分发挥自己的创造思维和创造能力，要熟练掌握动作之间的连接技巧，使动作更丰富、多变、流畅。教师可要求学生表演自己创编的组合动作，表演时要注意动作准确、清晰、规范，要有节奏感，与音乐节奏一致，而且富有一定的表现力。经过这个阶段的创编，学生的自信心能够得到提升，也能积累一些创编经验和技巧，从而为成套动作的创编奠定良好的基础。

（三）成套动作创编方法

学生能够熟练编排单个动作和组合动作后，便可进入成套动作创编阶段。一般以创编健美操集体项目中的 5 人健美操成套动作为主，同样将学生分为若干小组，各组成员合作创编。在初步创编中，教师先规定成套动作的完成时间，一般是 1.5 分钟。如果是健身健美操，时间为 3 分钟左右。学生可以自由选择音乐，创编动作，要注意动作之间的协调、连贯，而且要适当变化队形。健美操集体项目的创编中，队形的变化很重要，学生要掌握好以下三种队形转换形式。

1. 直接转换

6 人同时移动转换成新队形。如 6 人从一个横排队形直接转换成两个横排队形（图 2-7）；6 人呈两三角站立，同时向箭头方向移动，变成 T 形（图 2-8）。

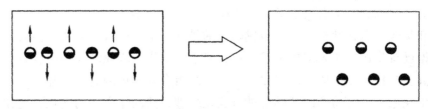

图 2-7　直接转换一 [①]

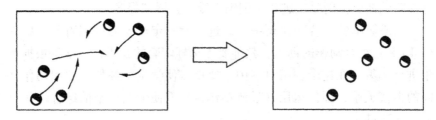

图 2-8　直接转换二

2. 依次转换

6 人分组依次完成特定动作，或部分队员移动位置，变成新队形。

---

① 马鸿韬.健美操创编理论与实践 [M].北京：高等教育出版社，2004.

例如，6人站成圆形，顺时针方向移动，最后成直线队形（图2-9）；6人成两斜排站位，其中2人员沿箭头方向移动，成4-2队形（图2-10）。

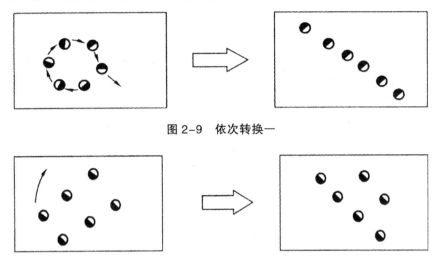

图2-9　依次转换一

图2-10　依次转换二

3. 逐渐转换

1名或多名队员同时或依次移动，经过几个过渡队形最终变成另一个队形。例如，6人列八字形站位，经过4次过渡队形最后变成4-2队形（图2-11）。

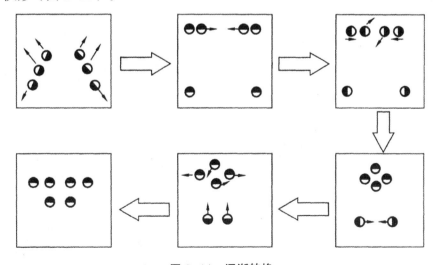

图2-11　逐渐转换

为了更好地培养学生的健美操创编能力，促进学生创编兴趣和积极性的提升，挖掘学生的创编潜能，使学生充分发挥自己的创造力和施展才华，健美操教师在教学中应多采用多媒体教具来吸引学生的注意力，使学生对健美操最新发展情况及科研成果有所了解，并对流行的健美操套路动作进行学习，这些能够给学生创编健美操带来启发和灵感，使学生积累丰富的创编素材，能够尝试创编新颖又实用的健美操。在学生学习健美操创编的初级阶段，健美操教师要多启发学生，给予指导和帮助，并合理划分小组，使学生以小组为单位共同完成创编任务，这也有助于培养学生的合作能力和集体主义精神。而且集体创作有助于营造和谐的课堂氛围，也能增进学生友谊。各小组完成创编学习任务后，各创编小组分别表演自己的作品，在表演过程中，教师给予肯定和鼓励，并指出需要改进的地方和改进的方法。最后让各组学生评价其他组的创编和表演，使各组相互学习、相互借鉴、共同进步。

第三章 | 健美操教学硬件与软件资源建设

　　健美操教学效果如何，直接受到学校健美操场地、器材等硬件设施条件与健美操师资水平、校园健美操文化等软件资源条件的影响。为提升健美操教学效果，必须注重对健美操教学硬件与软件资源的科学建设，全面优化教学条件，充分发挥各类教学资源的积极作用，扬长避短，弥补不足，为健美操教学的顺利实施和良好教学效果的获得提供优良的环境。本章主要对健美操教学硬件与软件资源建设进行分析，主要内容包括健美操教学基础设施建设、青少年健美操培训基地建设、健美操师资队伍建设和校园健美操文化建设。

第一节　健美操教学基础设施建设

一、提高重视，加大资金投入力度，创建良好的物质教学环境

创设健美操教学环境，要把物质教学环境放在第一位，创造良好的物质条件，这是开展健美操教学工作的基础条件。健美操物质教学条件中，建设健美操教学活动的场所，即运动场馆这一硬件设施是最重要的，其在健美操物质教学环境中居于第一位。除了运动场地外，还要有基本的教学设备，这同样是健美操教学中必不可少的基础条件，健美操教学任务的完成和教学目标的实现都离不开重要的教学设备。此外，健美操实践课如果是在户外操场开展，那么空气、阳光、气候等自然条件也很重要，我们不能忽视自然条件对健美操教学环境建设及对健美操教学活动开展的重要影响。因此，在健美操教学中要提高对建设物质教学环境的重视，在这方面加大资金投入力度，具体要从以下几方面来努力：

第一，建设与完善基础教学设施，兴建健美操运动场馆，完善场馆功能，拓展活动空间，完善配套设施，备齐教学器材设施、教学设备及基本教学手段，加大这些方面的资金投入力度，从根本上解决健美操教学的场地设施问题。

第二，定期检查运动场馆设施，及时发现安全隐患，第一时间抓紧维修，延长运动场馆及设施的使用寿命，避免因基础教学设施的安全问题造成学生的运动损伤。

第三，美化学校周边环境，净化空气，种植花草，使自然环境与教学环境相互协调，创建和谐的生态教学环境，给学生带来美好的学习体验。

二、设计美观实用的健美操场馆

有条件的学校可以根据健美操运动的特点和教学需要建设室内健美操场馆，为健美操教学活动的开展提供专业的设备，打造专业和优良的教学环境。建设健美操场馆，要在设计环节下功夫，场馆既要专业、实用，又要有一定的美观度。为达到这些基本要求，应邀请专业设计人员进行设计，并多听取健美操教师的意见。下面简要分析设计美观实用的健美操场馆的几个要点：

（一）以健美操为主题进行特殊的视觉延伸

健美操是一项有氧健身活动，以中低强度为主，能够锻炼全身各个部位，有助于改善人体心肺功能，促进有氧耐力的提升。心肺功能差和需要提升有氧耐力的学生可以通过健美操运动来达到目的。为调动学生参与健美操运动的积极性，可通过设计专业的健美操场馆来吸引学生的注意力。在健美操场馆设计中，要根据健美操运动的特点进行特殊的视觉延伸，但主题依然是健美操，场馆主背景可以使用几种不同的颜色，如使用代表热情、活力的红色调和紫色调，从而将富有热情、激情的健美操运动的特征彰显出来。也可以使用代表健康、生态的绿色调和黄色调，展示健美操的活力和健康。颜色丰富能够给学生带来美好的视觉体验和心理感受，使学生喜欢上健美操运动。

（二）突出特色

健美操是全身性的有氧健身运动，但它比一般的有氧运动更加轻松、优美，能够陶冶人的情操，美化人的心灵，给人带来良好的愉悦体验，并使人的精神压力、不良情绪得以缓解，使人的体形更加优美。总之，健美操运动既能健身，又能健心，还能健美，是培养学生健康身心素质和精神气质的重要手段。为充分发挥健美操的价值与功能，应在健美操场馆设计中通过突出特色来吸引学生的注意力。突出特色既包括突出健美操运动的特色，也包括突出中国特色，要展示健美操运动的魅力，也要展示中国特色健美操运动的独特之处。这样的设计能够使学生在场馆中练习健美操时身心愉悦，精神放松，心灵更宁静，从而提高练习效果，实现情感升华。

（三）采用传统元素，体现节拍律动

健美操配乐通常比较欢快，节奏鲜明，节拍律动感很强，铿锵有力，在节奏欢快、节拍有力的配乐中，健美操运动者的形体美、健美操的音乐美展现得淋漓尽致。如果能够在健美操场馆设计中融入中国传统元素，这种审美将得到升华。比如，主背景墙的颜色设计成素雅的"水墨"渐变颜色，能突出并衬托出健美操运动者的魅力。同时，素雅的色彩与周围的柱子的鲜艳色彩交相辉映，能展现健美操的运动之美。观众席的设计以暖色调为主，能营造青春活力的氛围。

三、引进标准化健美操器材

随着健美操教学水平的提升、师生健美操运动水平的提高，师生对健美操器材的科学性、安全性、舒适性以及健身性等都提出了更高的要求。基于此，学校引进标准化健美操器材，配置功能多样的健美操设备，将能够更好地满足师生的需要，为健美操教学的顺利实施提供便利。

第二节　青少年健美操培训基地建设

随着健美操运动的不断发展，尤其是竞技健美操运动水平的提升和竞赛专业性的提升，世界各国在发展健美操事业的过程中越来越重视培养健美操后备人才，而且很多国家在健美操后备人才培养方面逐渐形成了比较成熟的模式，取得了良好的成果，积累了许多成功的经验，值得我国学习和借鉴。我国竞技健美操尤其是青少年竞技健美操要想领先于其他国家，就必须加强后备人才的培养，储备人才力量，这对我国竞技健美操的兴衰有直接的影响。青少年是祖国的希望，青少年健美操后备人才是我国竞技健美操发展的希望，因此必须提高重视程度。建立青少年健美操培训中心充分体现了国家对培养青少年健美操后备人才的重视。近些年，国家体育总局采取授权国家健美操培训基地的形式，让基地的成立带动周边地区竞技健美操运动的发展，使全国各地青少年健美操项目开创百家争鸣的局面。这一举措不仅有利于培养健美操后备人才，还有利于在中小学普及与传播健美操运动，为健美操教学活动的开展提供助力。鉴于青少年健美操培训基地的重要性，在健美操教学改革中应重视对青少年健美操培训基地的进一步建设与优化改革，促进基地健美操人才培养与学校健美操教学相辅相成。

一、青少年健美操培训基地的建设现状

（一）基地规模方面

我国青少年健美操培训基地的发展水平参差不齐，比较直观的表现是发展规模大小不一，有的培训基地经过多年的发展成为大型健美操后备人才培养基地，基地学生有上百个。而有的培训基地则几年如一日，不温不火，规模小，基地学生仅十几名。基地规模的悬殊不利于健美操运动在中小学生中的普及，也制约了小规模基地对健美操后备人才的培养。

（二）训练和管理方面

我国青少年健美操培训基地非常重视健美操训练，训练时间较长，频率较高，因而训练的系统性、连续性和最终效果还是有所保障的。但一些健美操培训基地因为教练员专业能力有限，因而制约了最终的训练效果和后备人才培养质量。比如，一些年轻的教练员专业知识体系不够完善，理论教学水平低，而且训练理念落后，训练方法单一，再加上经验不够丰富，所以造成了训练不够连续、系统，训练内容分配不合理，训练计划得不到顺利实施以及最终训练效果不理想等问题。

此外，在青少年健美操培训基地中，大部分采用集中管理模式，以教练员为管理主体，教练员不仅是健美操教学与训练的主导者，还是基地管理者，进行相对集中的管理。一些教练员因为工作任务重，管理能力欠缺，因而无法担任好管理员的角色，管理效果较差。

（三）学生发展前景方面

随着健美操运动的不断发展，基地不断扩大规模，学生数量增加，不同基地之间也存在着激烈的竞争。基地学生毕业后能够进入上一级训练队的只占很小的比例，而且达到升学要求的学生也不多，学生分流受到制约，这严重限制了学生的未来发展，从而容易导致学生对健美操学练失去信心，无法积极投入训练，最终影响基地发展和人才培养质量。

二、青少年健美操培训基地的发展对策

（一）改革经营体制

青少年健美操培训基地应走市场化和社会化相结合的道路，制定市场开发战略，实施自我经营，依靠市场规律办事，提升市场竞争力，从而更好地走向社会和市场，加快基地的社会化进程，提升市场化水平，获取社会力量的资助，不断扩大市场规模和影响力。

（二）加强师资管理

在青少年健美操培训基地管理方面，应突破传统的集中制单一管理模式，并加强对基地健美操师资的管理，对教练员培训制度加以完善，促进教练员专业教学能力和训练能力的提升。此外，为促进教练员工作积极性的提高，还应建立激励制度，注重物质奖励和精神奖励。而且，减轻教练员的工作负担也很重要，为教练员合理安排工作任务，使其在自身的精力和能力范围内将重要工作任务完成得更加出色。

（三）完善训练和教学体制

青少年健美操培训基地的训练体制应该是系统的、完整的，应包含运动员选拔、训练、输送、等级评定及比赛等一系列环节，加强人才梯队建设，使后备人才的选拔、培养和输送更加规范、有序。基地也要注重面向运动员进行健美操理论教学，完善教学体制，提高运动员的健美操理论知识水平，使其在训练和比赛中能够运用科学理论指导实践，提高训练的科学性，为顺利完成比赛奠定基础。

（四）拓展人才输出渠道

为拓展青少年健美操培训基地中学生的输出渠道，应对中小学生进行分层培养，将专业竞技健美操后备人才培养、提高技能作为达级与升学考试等主要培养方式。在完善培养模式的同时，还要积极与高校和高水平运动队合作，为基地学生的未来发展铺路。

第三节　健美操师资队伍建设

在健美操教学的发展中，教师的影响与作用是举足轻重的。健美操教学的开展情况如何，与教师对健美操课的看法有直接的关系。健美操教师是健美操教学活动的组织与实施者，他们的教学理念、教学风格、教学习惯及其他专业素养和业务能力直接影响教学活动的实施效果和最终教学质量。当前，一些健美操教师因为教学观念落后，在教学中一味采用传统教学模式，过分强调成套动作的完整性，将教学重点基本放在成套动作教学上，而对学生身体素质的发展、基本运动能力的培养以及综合素质的提升没有给予重视，从而打击了学生学习的积极性，并影响了健美操教学多元育人功能的发挥。可见，要想充分发挥健美操教学的功能，提高健美操教学效果，就必须重视教师的主导作用，加强对优秀健美操教师队伍的建设。

一、培养优秀的健美操教师

（一）明确培养目标

高等院校是培养健美操教师的重要基地。培养目标是高校培养人才的基石，对人才培养方向起到决定性影响。新时期学校教育对体育人才的需求随着社会进步和时代发展发生了变化，这种变化主要表现为多层次需求、多规格需求、综合性需求以及创新性需求等，这就要求高校不断适应新时代对体育人才提出的新需求，从现实需求出发，结合高校办学条件而优化人才培养方案，明确人才培养目标，为人才培养工作的开展提供正确的方向与指引。

需要注意的是，不同高校因为办学历程、办学条件、办学环境、师资水平等各方面都存在不同程度的差异，所以培养体育人才的目标定位也有区别，体现了学校的办学特色和人才培养特色。培养优秀的健美操教师是一个长远的过程，在不同的培养阶段应该提出不同的培养要求，细化各个阶段的培养目标，从而促进培养对象一步步成长为优秀的专业教师。虽然不同高校在体育教师人才培养方面各有特色，但总的来看，培养目标都应满足以下几项要求，或者说培养出来的健美操教师人才应达到如下要求：

第一，全面贯彻党的方针，符合社会发展和体育事业发展的需求。

第二，具备积极从教的激情与职业情感，并把自身激情投入教学工作。

第三，精通体育专业基础学科知识，掌握健美操专业技能和教学方法，能力多面，一专多能，且有深厚的学术水平。

第四，教育理念先进并掌握熟练的教学技能，综合素质较高，符合基础教育要求。

（二）设计科学培养方案

高校对健美操教师人才进行培养，要先立足实际，结合社会需要

和办学条件设计与确定一个较为完备的科学培养方案，从而根据方案
有序开展培养工作，并在培养过程中根据现实需要灵活调整方案，以
不断完善方案，提高人才培养的效率及培养质量。培养包括健美操教
师在内的体育教师是高等院校的主要职责，在培养过程中需要地方政
府的支持，也需要高校与中学建立合作机制，为体育教育专业学生争
取实习岗位和机会。基于此，可构建高校、政府及中学有机结合的"三
位一体"体育教师培养方案，如图 3-1 所示。

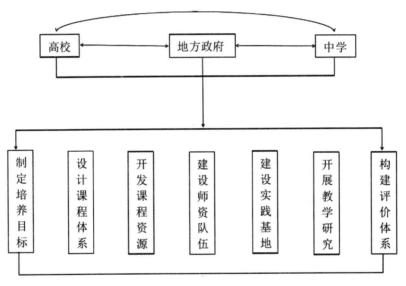

图 3-1　高校、政府及中学"三位一体"教师培养方案 ①

在图 3-1 所示的人才培养方案中，高校居于"主体"地位，其作
为主体的主要职责是将三方联系起来，协调三方的利益关系，保障最
终的培养质量。在人才培养的整个过程中，尤其是人才培养课程的整
个实施过程中，高校要落实各个具体工作的细节。该方案中地方政府
居于"主导"地位，主要职责是统筹整体规划，领导相关部门的工作，
提供资金保障，优化资源配置。政府从宏观上对高校和中学的合作加
以引导和调控，并制定相关政策来予以扶持，提供保障。中学是体育
教育专业学生实习的重要基地，其主要职责是响应地方政府的政策，
接受体育教育专业学生来校实习，积极配合政府与高校的工作，做好

---

① 崔文晶.卓越中学体育教师"三位一体"培养方案设计研究[D].山西师范大学，
2016.

基础性实习实训的管理工作。

在上述"三位一体"的教师培养方案中，要特别重视对体育教育专业学生专业教育教学能力和教育实践能力的培养，并针对这些重点培养内容构建专门的培养体系。例如，在专业教育教学能力培养体系中纳入专业体育教学能力、体育科研能力、学科特长能力及教育管理能力等相关内容，以提高体育教育专业学生的教育教学能力。而在教育实践能力的培养中，要充分发挥高校、政府及中学各自的职能，将各方面力量有机整合起来，循序渐进，逐步落实各项培养工作（图3-2）。

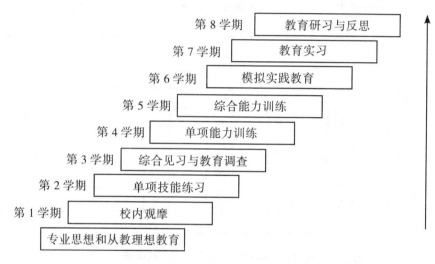

图3-2　体育教育实践能力培养体系[①]

（三）完善课程设置

体育教育专业的课程设置是围绕体育教师专业人才培养目标与规格，从课程内容、内在联系、专业支撑作用、时间顺序等方面进行统整，科学分解专业思想、专业知识、专业技能、综合素质等方面的培养任务，将知识节点有机分拆渗入每门课程中。师范类高校在培养体育师资的过程中，不能片面追求复合型体育人才而忽视了师范性特色，要在坚持人才培养的师范性的基础上兼顾人才培养的复合性，在课程设置中

① 崔文晶.卓越中学体育教师"三位一体"培养方案设计研究[D].山西师范大学，2016.

主要安排师范类课程，适当安排非师范类课程，以适应我国体育教育改革发展对体育教师人才的多方位需求。在这方面，北京体育大学体育教育专业做了很好的示范，其在课程设置方面构建了比较健全的课程结构体系，如图 3-3 所示。这一课程体系既保留了示范性，也兼顾了复合性，对其他体育教育专业的课程设置具有重要借鉴意义。

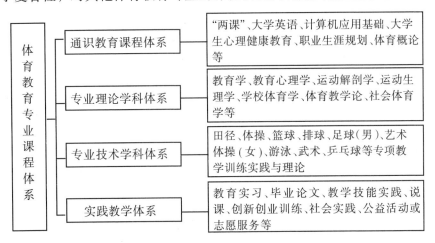

图 3-3　北京体育大学体育教育专业课程体系[①]

（四）加强入职教育

被学校招聘的教师也就是初任教师在进入学校正式上岗前所接受的培训和教育就是所谓的入职教育。之所以要对初任教师进行入职教育，主要是为了提高初任教师的业务能力，使其尽快熟悉学校环境，适应岗位工作，在教学中发挥自己的专长，提高教学质量。此外，开展入职教育也是为了稳定教师队伍，避免教师因适应能力差而逃避岗位安排。

地方政府要高度重视健美操教师的入职教育，从制度、政策等方面予以保障，肯定教师的社会地位，关注健美操教师的职业成长和发展，将相关单位及社会组织在教师入职教育中应履行的义务及肩负的责任确定下来，完善各项规划与细节，提高教师入职教育的质量。为保证初任健美操教师能顺利接受入职教育，用人单位要适当减少新入

---

① 舒宗礼.中学卓越体育教师成长研究 [D].北京体育大学，2016.

职教师的工作量，使其有时间参与培训。需要注意的是，面向广大初任教师开展入职教育，并不仅仅是为了解决入职教师的适应能力这一"当务之急"，还是为了促进教师的长远发展，对其职业素养、综合素质进行全方位培养，提高其教育教学能力，使其在教师工作岗位上保持持久的战斗力，发挥自己的价值。

（五）注重职后培训

为进一步提升健美操教师的专业素质，培养师德高尚、业务精湛、结构合理的高素质专业化健美操教师队伍，对在职健美操教师进行专业培训很有必要。在职培训要做好以下工作：

第一，完善培训制度，将培训与教师职称、学历学位、课题研究挂钩，强调培训过程和结果考核，从而使健美操教师积极争取培训机会并认真对待。

第二，以教师的需求为导向，明确合理的培训目标、培训内容与培训方式。在具体实施中要体现出个性化差异。

二、加强对健美操教师队伍的管理

（一）建立科学的人才观

学校健美操的发展离不开专业健美操人才。健美操教师是学校健美操发展中不可或缺的人才，因此应加强对这部分人才的培养与管理，树立科学的人才观，将专业人才积极引到学校中来，并对人才进行合理使用。科学的人才观要求在健美操教师管理中做到以下两点。

（1）学校积极制定有关人才发展的相关机制，将健美操教学能手专业带头人和高水平的教练员引到学校中来，发挥这些人才的价值。

（2）对高水平的兼职教师适量加以聘任，加强教师间的沟通和学习，促进健美操师资队伍整体素质的提升。

（二）建立职称评定制度

应以国家和学校人事管理的相关规定为依据制定符合体育学院（系、部）特征的职称评定制度，充分考虑相关人员在健美操教学、科研和训练等方面的差异性，采用多元化的评定方法。在评定过程中，主要对以下几方面的内容进行评定：

（1）健美操师资的工作量。

（2）健美操师资的工作质量。

（3）健美操教师的教研情况、科研水平以及健美操教练员的竞赛成绩。

（4）健美操师资队伍的思想道德素质、工作作风以及团队精神等。

（三）开辟多元化的教师发展渠道

"人事匹配，人尽其能"是学校健美操师资建设与管理中需要遵循的基本原则，这对健美操教师的发展及其个人价值的实现具有积极的意义。健美操教师作为体育教师的一部分，一般竞争意识较强，参加过很多健美操竞赛，因此在管理中要避免教师之间出现竞争过度的问题。建立多元化的教师发展渠道对健美操教师充分发挥自身优势、实现自身价值具有重要的影响。在建立教师发展渠道时，需从健美操教学、健美操科研、健美操训练、健美操竞赛、社会服务、行政管理等方面着手，使健美操教师通过不同的渠道不断完善自己，进一步强化自己的专长。

（四）对教师进行客观评价

1. 专业素质评价

健美操教师的专业素质主要包括师德、教学能力与科研能力。师德的评价内容主要包括教师的职业态度；教学能力的评价内容主要包括教师对健美操课程目标、内容的认识与理解，对教学方法的掌握与运用以及对必备教学技能水平等；科研能力评价内容主要包括独立钻研课题，创作出有价值的科研论文等。

2. 课堂教学评价

课堂教学评价是对教师的教学过程与教学效果进行评价，目的不是简单地通过教学结果来评定教师的优劣，而是通过发展性评价来不断改进教学工作。对健美操教师教学质量的评价方法比较丰富，通常采用由一定指标体系构成的评分表进行评价。

三、培养健美操教师的创新能力素质

（一）创设有利于教师创新能力发展的优良环境

1. 创设优良的创新教学环境和学术环境

对健美操教师来说，自身创新能力的培养与提高应该在一个优良的环境下实现，包括宽松的教学环境与和谐的学术环境，这个环境是对培养教师创新能力以及让教师发挥创新能力有利的环境。有利于健美操教师创新能力发展和发挥的环境应该是民主的、宽松的、高效的，应该充满浓郁的创新氛围。

2. 创设优良的政策环境

健美操教师只有发挥能动性、创新性，积极投身创新实践活动，才能强化自己的创新意识，锻炼自己的创新思维，不断提高与巩固创新能力，而这是需要有良好政策环境支持的。

有关部门要出台有利于体育教师创新能力发展的政策和文件，为体育教师创新能力的发展提供良好的政策保障，将健美操教师的创造积极性、能动性激发出来。定期对创新型教师的创新活动进行评价，给予相应的奖励和进一步的激励，推广有应用价值的创新成果，满足健美操教师的成就感，让健美操教师深刻感受到自己努力创造的成果没有白费，有"用武之地"，有发挥价值的地方，这样也能消除教师担心创新结果可能不会被采纳的后顾之忧，让教师全身心专注于教学和创新，心无杂念，提高科研创造效率。这也是激发健美操教师创新热情和积极性的重要方式。

3.创建创新型队伍

学校要组建创新型领导队伍和科研队伍，指引广大教育工作者的创新教学和科研工作。领导队伍的创新精神能够感染广大教师，广大教师也会被科研队伍的辛勤付出而感化，并在这些队伍的示范和引导中开展创新工作，如此能够活跃整个学校的创新氛围。

科研是创新的重要途径。健美操科研对健美操教师及科研人员的知识储备、逻辑能力、创新思维、实验技能、走访沟通能力等均提出了较高的要求。在这些方面达不到要求的健美操教师容易在科研工作中出现各种问题，如功利化行为倾向、缺乏实在性的研究、缺乏与时俱进的精神等，这是健美操科研成果如学科论文、学术著作质量不理想的主要原因。针对这些问题，学校（尤其是高校）一定要重视建设一支优秀的、专业的、综合素质高的科研型教师队伍，并为了支持科研队伍的创新工作建立健全创新机制与管理制度，从而规范队伍的行为，提高科研队伍的科研工作效率。

此外，高校也要特别重视对学术梯队的建立，发挥学术带头人的榜样作用和示范作用，通过"传、帮、带"的方式培育新人，从而不断培育新的科研人才，使其加入健美操教学创新和科研攻关的创新型队伍，为健美操教学和健美操科研贡献自己的力量。

（二）建立与完善培养教师创新能力的保障制度

1.明确权利和义务

创新保障制度和所有制度一样，都具有严格的约束性和正确的规范引导性。创新保障制度不仅规定了教师在创新活动中应该贯彻的原则和遵循的要求，也规定了学校管理部门应该在学校创新教育中履行哪些义务，承担哪些责任，这样一来，不管是教师这个创新主体，还是管理者这个管理主体，都可以按规章办事，规范自己的行为，约束不良行为。

创新保障制度中提出的各项权利、义务、责任都是透明的、清晰的，有助于将教师的自主创造性激发出来，也有助于提高管理部门的工作效率。

2.加强专业培训保障

加强专业培训,就是要完善健美操教师在职培训机制、继续教育机制以及学术交流机制,保护健美操教师的再教育权利,创造有利于健美操教师创新能力发展的学术交流机会和专业培训机会。对健美操教师进行专业培训,在培训内容、方法、途径及环境等方面要有所创新。

3.提供内在激励保障

健美操教师缺乏工作热情、工作成就感低以及缺乏创新动力,与其工资待遇差、社会地位较低、工作量大且得不到广泛认可等有直接的关系。必须充分认识到这些现状对健美操教师教学创新与科研工作的制约和影响,从而有针对性地解决这些问题,扫除障碍,使健美操教师自觉、自愿、积极投身于健美操教育和科研事业,在工作中充满激情,发挥创新力和战斗力。这就需要为健美操教师的创新活动提供内在激励保障。

首先,要建立与完善激励机制,提高健美操教师尤其是科研型和创新型教师的待遇水平,将健美操教师的创新素养及各项因素纳入考核指标,赏罚分明,肯定健美操教师的创新成果,并建立推广机制,使优秀成果能够被有需要的人共享,同时要注意保护知识产权,打击侵权。

其次,对健美操教师的精神激励也很重要,要适当减少健美操教师的工作量,延长其职业生涯,从而促进健美操教师切实体会教师工作的乐趣,获得较高层次的精神愉悦。适度的精神激励可以使健美操教师的创新热情充分迸发。

(三)鼓励教师自觉提升创新能力

1.不断学习,提升自己

创新与突破是相辅相成的,要创新,就必须先突破,而要突破,必须创新。创新是在继承科学知识和技能、吸取前人经验教训的基础上的创造性活动。创新并非一定要创造出新的东西,可以在已有观念、理论的基础上对旧的知识和技能进行组合、调整、优化等，从而改善原来的知识与技能，使之对社会更有价值，这也是一种创新。

创新与人的知识、个性、智力有密切的关系，只有学习和掌握了一定的知识与技能，智力达到一定水平，形成了自己的个性，才具备创新的基础条件。因此，健美操教师要提升自己的创新素养，必须先过"知识关"和"技能关"，对已掌握的知识与技能加以巩固，并不断补充新知识，学习新技能，使自己的知识面不断拓展，技能面越来越广。

在信息时代，知识飞速更新，技能层出不穷，如果健美操教师不求上进、故步自封，那么终将会被淘汰。只有不断学习新知识、新技术，才有可能形成创新能力，提高创新素养。

在互联网时代，健美操教师的学习渠道非常多，可以通过查阅互联网资料、继续教育、参加培训、参加讲座与交流活动等多种途径给自己"充电"，为自我创新发展做好准备。总之，丰富的知识、熟练的技能是健美操教师形成与提升创新素质的坚实基础，健美操教师必须从知识和技能入手来提升自我，完善自我。

2.努力探索，展示个性

健美操教师的创新能力也与其自身个性有直接的关系，塑造良好的个性，并展示个性，这也是健美操教师提高自身创新能力的重要切入点。健美操教师要从以下几个方面来努力塑造自己的个性：

（1）具备人的共性

"立人"是"立业"的基础与前提，不管是普通健美操教师，还是创新型健美操教师，他首先是一个人，是一名知识分子，因此要具备普通人和普通知识分子都应该具备的素质和品质，在共性的基础上培养个性，培养优秀的素质和品质，成为优秀的人和优秀的知识分子。

（2）追求独立人格

创新型教师要有独立的人格精神，强烈的主体意识是健美操教师追求独立人格的基础。健美操教师的主体意识从其主观能动性、自主性、主动性、创新性等方面体现出来。对独立人格的追求和对人生目标、对理想的追求一样，都必须经过长期刻苦的努力，要主动投入实践活动，在活动中发挥主动性，体验作为活动主体在实践活动中的快乐与辛苦，争取成为自觉主动、人格独立的创新主体。

（3）发挥优势

不同健美操教师的知识结构、兴趣爱好、业务能力、教学专长、教学风格都是有差异的,这说明健美操教师的综合素质存在个体差异。但任何一名健美操教师都是既有长处也有短处的。健美操教师要非常清楚自己的优势是什么,应该在教学工作中发挥自己的优势和特长,通过发挥优势来提高工作效果,以及在实践中强化这种优势,并将优势转换为创新能力。只有清楚了这些问题,健美操教师才能以突出的优势和鲜明的个性特征进行创造性的教学活动。

（4）展现自我

健美操教师自我优势的发挥也是个性的发挥,是个性中比较突出的某一点的展示。健美操教师要不断完善自己的个性和健全自己的人格,从而全面展现自我,实现自我价值。本质上来看,个性就是丰富多样的,它是由多个元素构成的一个系统,这个系统中的元素既有密切相关、相互作用的元素,也有相互矛盾的元素,是一个复杂的系统。个性作为一个多素质构成的系统存在于人这个有机整体中,健美操教师要运用多维方法去思考问题、探索答案,发挥个性中的多项素质建立因果联系、逻辑联系,从而探索出问题的解决方法,而且是创造性的方法。

健美操教学具有开放性、探索性、研究性和创新性,健美操教学过程是不断探索、创新和推陈出新的过程。健美操教师要树立开放教学观,要有探索精神、自主研究意识和创新思想,敢于打破传统,主动变革,实现健美操教学和健美操科研的不断更新。

3.勇于实践,不断创新

健美操教师要在实践中培养和提升自己的创新能力,并将创新品质充分发挥出来。实践路径主要包括教学路径和科研路径。

（1）教学中创新

体育学科本身就具有很强的实践性。健美操教学过程是健美操教师先确定好教学目标,设计好教学方案,然后面向学生实施教学方案,向学生传授知识与技能,以实现预期教学效果,完成预期教学目标的实践活动过程。这个过程中既有固定的要素,也有动态的要素,如教学目标、教学内容是固定的,而教师的知识、技能、教学能力以及学生的学习情况存在个体差异,而且不固定。面对这样的教学情况,健美操教师要将自己的优势充分发挥出来，根据学生的实际情况将教学方法手段整合起来，以优化教学过程，提高教学效率，在现有条件下达到教学效果的最优化，而这个创造最优健美操教学效果的过程也是健美操教师创新教学的过程。

（2）科研中创新

科研也是健美操教师的一项工作任务。健美操教师要从健美操教学规律、学校健美操教学现状出发，调动自己的知识结构、智力和思维能力去对健美操教学未来发展中可能出现的现象、发展走向和结果进行预测。健美操教师在科研中的预测能力对其选题方向和研究思路有决定性影响，科研中的调查、实验、设计等工作对健美操教师的调查和实验能力提出了一定的要求，健美操教师的调查实验能力的高低对科研结果有重要影响。健美操教师一定要勇敢探索，勇于创新，将创新思维运用到科研工作中，创造更多有价值的科研成果，为健美操科研的发展作出贡献。

第四节　校园健美操文化建设

一、树立"以人为本"的理念

学校要重视面向学生推广与普及健美操运动及健美操文化。加强校园健美操文化建设，不但能够使学生对健美操运动有更多的了解和深入的理解，还能使其参加这项运动的积极性得到提升。在宣传与普及健美操文化的过程中，应树立"以人为本"的理念，贯彻人文主义精神，营造民主、和谐、友善的校园健美操文化氛围。

二、对健美操文化的内涵与教育功能进行深入挖掘

在校园健美操文化的建设与发展中，需要充分发挥教育的推动作用，健美操教学也是健美操文化建设中的一项重要内容。开展健美操教学，要重视对健美操运动自身教育功能的挖掘，包括智育、体育、

德育、美育等。为了使健美操运动的教育功能得到充分发挥，使学生通过学习健美操提升各方面的素质，学校应多开展一些融入健美操文化的活动，进一步提升健美操运动在学生群体中的影响力，使学生在深入了解健美操文化的基础上产生对这项运动的喜爱之情，从而全身心投入相关活动中，并积极影响周围人群参与这项运动。

三、重视健美操课程建设及教学的优化

目前，虽然很多学校都已开设健美操课，但因为种种原因，高校在健美操课程建设上还没有达到完善的程度，健美操教学体系仍存在许多问题，这直接影响了健美操教学效果和健美操文化建设。健美操运动虽然简便有趣，但也有自己的规则和技巧，所以需要专业的健美操教师来教学生，需要不断改革与优化健美操课程与教学体系，这对于宣传与普及健康的、积极向上的健美操文化具有重要意义。

健美操课程建设与教学的优化主要从以下几方面展开：

（一）加强场地设施建设

要推动高校健美操运动发展，建设校园健美操文化，首先要重视健美操基础设施建设，这是发展健美操运动的基础条件。专业的健美操场馆是发展健美操运动和建设健美操文化的首要前提。健美操教学同样离不开充足的健美操场地这个最基本的物质条件，只有先对健美操场地设施进行完善，才有可能提高健美操课程教学效果，也才可能落实校园健美操文化的建设工作。

我国的体育教学中开设健美操课程的时间并不长，因此基础教学设施严重不足，物质条件较差，实际教学需要难以得到充分的满足。此外，受天气的影响，露天的健美操场地并不是随时都能使用，如遇雨天、雪天、大风等天气，则不可能在露天的场地上顺利进行健美操教学，这也在很大程度上影响了校园健美操运动的发展及健美操文化建设。对此，学校可根据实际条件与需要建设健美操馆，以弥补露天场地的不足。不管是白天还是晚上，不管什么天气，室内健美操馆都可以使用，这为健美操教学的顺利进行和学生课余参与健美操活动提供了极大的便利。

（二）促进健美操课程结构体系的合理化

健美操教学的开展需要有科学的专业健美操教材，健美操教师只有在专业教材的基础上进行专业讲解，学生才能更好地了解健美操知识，掌握健美操技能。在校园健美操文化的形成与发展中，开设专业健美操课程是一个必不可少的重要条件，且健美操课程的开展水平直接影响校园健美操文化的健康发展。因此，在健美操课程建设中，要将优化课程结构作为关键性工作重视起来，制订科学合理的具有可行性与可操作性的教学计划，完善教学内容，合理安排与控制教学进度，完善教学考评体系，最终优化与提高教学效果。

（三）重视健美操文化课程

健美操运动有深厚的文化底蕴，挖掘健美操运动的文化价值，开展健美操文化课程教学，有助于推动校园健美操文化的建设与繁荣发展。通过健美操文化课程教学，学生能够对健美操的文化内涵有真正的了解，并深刻感知这项运动的魅力，进而对这项运动产生兴趣。

健美操运动发展至今，具有现代文明的大众性、开放性和时代性。学生一旦深入了解健美操文化，便会不自觉地喜欢上这项运动，并积极参与其中，这有利于校园健美操文化的传播与发展，也有助于健美操文化的传承与弘扬。

四、开展丰富多彩的健美操活动，营造良好的健美操文化氛围

健美操课程的教学时数有限，一些喜欢健美操运动的学生认为课堂教学内容远远不能满足他们的学习需求，不能满足其兴趣爱好，也不能给其提供良好的表现舞台。对此，要在健美操课堂教学的基础上不断拓展和延续，利用课余时间和节假日开展丰富多彩的健美操活动，以满足学生的需要，巩固学生的知识和技能，为学生提供展现自身能力的机会和平台。举办各种各样的课外健美操活动还有助于营造良好的校园健美操文化氛围，吸引广大学生参与活动，进一步普及与推广健美操运动，扩大校园健美操人口规模，促进健美操在学校的进一步发展。开展课外健美操活动也是在拓展健美操教学环境，在更广阔的活动空间和活动环境中能够对健美操教学资源进行深入的挖掘和开发，充实健美操教学内容，创造更先进的健美操教学方法和手段，建设健美操精品课程，进一步提高对学生健美操素养的培养效果。

五、坚持统筹协调原则

校园健美操文化内容丰富繁多，因此建设校园健美操文化是一项系统且比较庞杂的工程，需要在许多方面进行统筹兼顾、协调完善。只有这样，才能有效建设校园健美操文化体系，才能确保构建工作开展得有序、顺利，也才能达到文化主体的期许。在文化建设过程中，坚持统筹协调原则需做到以下几点：

（一）软件与硬件协调

建设校园健美操文化需要"软硬"结合，即做好相关软件与硬件之间的匹配与协调。其中，硬件包括健美操场地器材、健美操社团等，这是承载健美操活动的基础；软件包括校园师生的健美操素养等。

在校园健美操文化建设过程中，要将软件与硬件的建设同时重视起来，一视同仁，尽可能做到"两手抓、两手都要硬"，不可只偏重其中一方面，而忽视另一方面的建设。只有"软硬兼施"，加强两方面的协同发展，才能确保校园健美操文化的发展始终保持在一个平衡状态下，从而达到事半功倍的效果。在文化建设中，如果只是拥有完备的硬件设施，而软件设施建设无法满足当前校园健美操文化建设的要求，如健美操活动组织形式单一，内容单调重复，那么再完备的活动设施也得不到充分运用，这时硬件设施就成了毫无意义的摆设，表面看起来是学校实力的象征，但实际价值却令人唏嘘。相反，如果学校健美操活动的组织形式多样，活动内容丰富，制度建设较为完善，但硬件设施严重缺乏，无法满足活动开展的需要，那么，制定好的组织计划、规章制度也只是空谈，缺乏必要的承载物质，软件设施的价值也就被削弱了。由此可见，软件与硬件缺一不可，"硬"是"软"的基础，"软"是"硬"的条件，只有协同发展、共同建设，才能发挥其在校园健美操文化建设过程中的价值。

（二）课堂教育与课外活动的协调

在现代健美操教育中，产生了两种重要的教育形式，即课堂教育和课外活动。因此，校园健美操文化的建设也需建立在二者基础上。

健美操课一般分两种形式进行，即理论课和实践课。其中，开展室内理论教学，主要是对一些健美操理论知识进行传授，室内教学以班级授课制方式进行，教师在理论教学中主要以教育部颁布的教学大纲为基础。总体来看，理论课与实践课相比，课时比重较少。实践教学主要以技术技能教学等实践活动为主，主要向学生传授健美操动作方法等，以促进学生健美操技能的不断提高。健美操实践课历来十分受重视，所以大多数学校安排的健美操实践课要多于理论课。

除健美操课堂教学外，课外活动也是校园健美操的重要结构，校园健美操文化的发展水平一定程度上取决于丰富多彩的课外活动的开展程度。与传统课堂教学相比，课外活动具有更顽强的生命力。这主要是因为，开展课外活动几乎不受时间、形式等因素的制约，而且其能够弥补课堂教学的一些不足，达到一些在课堂教学中无法实现的效果。

另外，因为课外活动几乎不受教学大纲的影响，因此形式更为灵活，内容更为丰富，这是其与课堂教学对比的巨大优势，也正是因为这些优势的存在，学生才能在参与课外健美操活动的过程中获得极大的满足。但有一点需要注意，开展课外健美操活动并不是组织学生简单地、毫无目的地"疯玩"，而是要将课堂上的理论知识与运动技能以另一种形式赋予课外活动，使学生在参与过程中进一步深入理解课堂上的健美操知识，巩固健美操技能。

六、成立校园健美操协会

校园健美操协会在推动学校健美操运动发展与校园健美操文化建设方面发挥着非常重要的作用，因此在校园成立健美操协会很有必要。一般来说，高校更具备成立健美操协会的条件，高校健美操协会作为学校的健美操组织机构，能够引导大学生科学参与健美操运动，也能在宣传与普及校园健美操文化方面出一份力。高校健美操协会为大学生健美操爱好者提供了相互交流与参加更多健美操活动的平台。不同高校的健美操协会还可以共同组织校际健美操比赛、健美操表演等各种形式的健美操活动，以学习经验，促进本校健美操运动发展水平的提高。此外，高校健美操协会还可以组织协会成员参与地方举办的健美操比赛或表演，使大学生开阔视野，不断进步。

校园健美操协会可重点从以下几方面来推动校园健美操文化建设，促进学校健美操的发展。

（一）大力宣传与普及健美操知识

媒体宣传是传播体育文化的重要途径之一，现代媒体的发展已经达到了十分成熟的水平，媒体的宣传作用也有了提升。学校也可以利用广播站、校刊、校园网等学校的媒体资源来传播健美操文化。校园健美操协会在普及与推广健美操文化方面肩负重任，采用这些媒体手段可取得良好的传播效果。

校园健美操协会成员以协会的名义对健美操知识与文化进行宣传，从中提升自己的责任感，形成认真负责的态度。有些学生对健美操运动不熟悉，存在许多困惑，所以迟迟不参与这项运动，而通过校园健美操协会的宣传和带动，会有更多的学生了解健美操，爱上健美操，参与健美操，从而形成良好的健美操运动氛围。

校园健美操协会对健美操文化的传播既灵活，又自由，而传播健美操文化的最大收获是让更多的学生参与健美操运动，使其亲身体验健美操运动的乐趣与魅力。

（二）组织日常训练和比赛

组织协会成员参加健美操训练和比赛是校园健美操协会的基本职责之一，如果做不到这一点，健美操协会如同摆设，失去了最初成立协会的意义。校园健美操协会应向学校相关部门争取对健美操场地的使用权，然后在特定时间组织学员参加训练，以满足学员参与健美操运动的需要，使学员的健美操水平在长期的训练中得到提高。健美操协会组织学员参加日常健美操训练，要有计划、有目的地开展工作，并定期邀请高水平教师或教练来指导学员的训练，为学员创造良好的训练环境。

校园健美操协会举办健美操比赛能够使健美操运动在学生群体中产生更大的影响力,这是校园健美操文化宣传中非常重要的一个手段。在健美操比赛过程中,参赛选手严格遵守比赛规则,充分展现健美操文化,使作为观众的学生通过观看比赛进一步认识健美操文化,并对这项运动产生兴趣。健美操比赛还能促进参赛者技术能力的增强和道德修养的提升,这也是校园健美操文化建设的一个重要成果。

七、建设高校高水平健美操队

高校建立高水平健美操队,能够对大量的健美操后备人才进行培养,促进高校健美操发展空间的扩大和提高校园健美操文化的影响力。大学生健美操比赛的举办为各高校之间进行健美操文化交流提供了良好的平台,也使校园健美操文化建设上升到新的水平。高水平健美操队参加高水平健美操比赛能够产生非常大的影响力,使更多的人对健美操文化产生兴趣。高校高水平健美操运动队的建设直接提升了校园健美操文化的发展高度,使大学生运动员对健美操文化的精髓有了真正的理解。校内、校际及地方与全国的大学生健美操比赛的开展营造了良好的健美操文化氛围,对校园健美操文化建设与普及具有重要意义,可以说高校高水平健美操队对校园健美操文化的持续发展起到了不可替代的作用。

需要注意的是,对高校高水平健美操队的科学建设应做好以下几方面的工作:

第一,做好招生工作,拓宽健美操后备人才培养途径。

第二,采用多种途径解决经费问题,为健美操队顺利训练与参赛提供基础保障。

第三,加强对健美操队的科学管理。

八、做好健美操科研工作

健美操相关课题研究能够为健美操运动的发展提供理论指导与支撑。在健美操研究中,对健美操发展过程中面临的现实问题要进行全面而细致的分析,并在科学理论的指导下探索有效的解决途径。学校健美操运动的发展同样需要相关理论研究的科学指导。

　　高校是科研的前沿阵地，拥有丰富的科研资源，利用这一优势来推进健美操科研工作，能够为校园健美操文化建设奠定良好的理论根基，为解决校园健美操文化建设中遇到的问题提供切实可行的建议。

第四章 | 健美操教学模式设计与应用

健美操教学模式决定着健美操教学的质量和效果，因此需要足够的重视。在当前社会背景下，各种新技术不断推陈出新，这些对健美操教学模式设计和应用带来一定的促进作用。本章将从健美操教学模式与应用、健美操教学模式的改革与创新、创新性健美操教学模式的构建与应用等方面进行具体的分析。

第一节　健美操教学模式与应用

健美操具有丰富的教学历史,经过大量优秀教师的工作经验总结,目前的健美操教学模式已经比较成熟,本节将对我国健美操常规教学模式以及应用展开研究。

一、体育教学模式概述

(一)体育教学模式的概念

截至目前,学界对于体育教学模式的概念还没有形成共识,不同专家对此都有自己独特的见解,但是通过整合这些专家的不同观点,可以发现他们对体育教学模式的理解可分为以下几个方面:

(1)决定着体育教学活动的结构和基本框架。

(2)决定着体育教学活动的策略与程序。

(3)决定着体育教学活动的形式与方法。

(4)决定着体育教学活动的设计与组织。

总之,体育教学模式之于体育教学活动而言,具有不可或缺的作用,它是指导体育教学活动顺利开展的方法论,是在一定的教学理论以及思想的指导之下形成的教学活动的基本框架以及策略体系。

(二)体育教学模式的特点

对体育教学模式的理解和运用的过程中,需要重点把握体育教学模式的以下特点(图4-1):

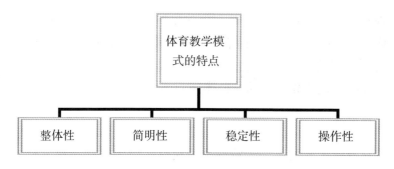

图 4-1　体育教学模式的特点

1. 整体性

首先，体育教学模式是对体育教学活动整体的规范和指导，是从全局出发对体育教学活动的推进和布局，它并不对具体的细节和过程进行规定或约束。体育教学模式更强调的是对教学系统的完善，比如在明确教学思想、教学目标的前提下，对其他相关要素如教学条件、教学评价等彼此之间的互动和关系进行研究和分析，其目的就是推动体育教学活动顺利进行和有效开展。

其次，对体育教学活动整体性的把握，是最有效地控制教学质量和教学效果的有力手段，即只要确定了体育教学模式，那么就能在一定程度上决定了体育教学活动的成果，因为在确定的教学模式下，体育教师和学生所进行的教学活动互动是可预期、可控制的，只要能有效控制各个教学要素的质量，就能实现较好的教学效果。

最后，只要调整教学模式中的某个或者某几个要素，就能在整体上实现对教学活动的优化和改进，因此，掌握体育教学模式的整体性特点，有利于从整体上把控教学质量和教学效果。例如，在体育教学系统中，通过不同的组合方式，改变各个要素的关系和相互间的作用机制，那么就会形成不同类型的教学模式，进而实现不同的教学效果。

2. 简明性

体育教学模式对教学活动的整体负责，因此，必须具有简明性的特点，如果事无巨细地都作要求，那么就会陷入对细节的纠结，而无法把握教学活动的整体，由此可见，简明性与整体性是相互呼应的。

可以说，只有在足够简明的前提下，才能明确大体的思路，有效地管理和控制必要的教学元素，这有利于体育教师在各自的教学活动中抓住重点，根据实际情况的需要，在一些细节问题上进行灵活调整，选择更适合当前学生的学习能力和学习需要的教学方法和教学内容，这是现代体育教学先进性的一种体现。

3. 稳定性

体育教学模式的另一个特性是稳定性。设定和选择教学模式的最基本的目的就是便于从整体上把握教学活动，只要最重要的几个教学元素固定且明确，那么教学模式必然会呈现出较强的稳定性。这也就意味着，当教学模式确定后，教学活动的基本结构和形态就已经确立。

体育教学模式的稳定性，还体现在另一个方面。体育教学模式的建立基于一定的理论研究，再经过一段时间的教学实践的检验，那么最终确立的教学模式就具有一定的稳定性特征，因为在理论上和实践上都得到了验证，在相应的条件下该模式是最佳选择，所以在之后的很长一段时间内不会再做出大的改变。

4. 操作性

体育教学模式由几个重要的教学元素构成，因此只要能有效掌控各个要素，那么就可以对体育教学模式进行操作，这是体育教学模式的一个非常重要的特点。教学模式是对体育教学活动的某种指导和规范，但并不是生硬限定，如果体育教学模式不具备可操作性，也就不具备应有的韧性，那么这种教学模式实际上没有什么价值，只能被摒弃。

体育教学模式的可操作性，也意味着为教学模式的创新留有足够的空间，现代体育教学活动与社会发展和科技进步具有密切关系，因此体育教学模式必须能够不断地创新和优化，以适应现代社会对体育教学的要求，而具有可操作性是体育教学模式进行创新的潜在条件。

（三）体育教学模式的功能

1. 对教学计划的全面指导

随着体育教学模式的确立，教师可以在教学之前获得全面的教学计划指导，进而顺利地开展一系列教学实践活动。教学模式的选择，实际上就是对教学目标、教学内容、教学条件等的选择,有了教学模式,即使是没有多少教学经验的体育教师,也能心中有数,知道如何有序开展教学。教学计划和教学方法是整个体育教学过程中的核心,对教学实践中能否实现教学模式预设的理论构建、教学思想等至关重要。例如,在健美操教学的一个单元中,可以在教学模式中指定所要学习的健美操技术,进而可以选择与之相适应的教学方法。

2. 有助于学生明确自己的学习领域

教学模式不仅有助于指导教师开展教学活动,而且对于学生的自主学习也具有指导作用。在开展一个新的单元或者一个新的技能学习之初,教师可以按照教学模式的规定,事先告诉学生,以便让学生在意识里形成一个较为完整的概念,这样在后续的学习中就好像是完成一个拼图游戏一样,在一个框架之内不断地增加内容,并更加了解之后的学习内容,从而知道自己应该在哪里努力,下一步的学习方向是什么等,这些都能促进学生的学习积极性和主动性的提升。

3. 使教学主题更鲜明、更立体

教学模式对体育教学的框架做了全面的规定,这不仅有助于教师的教学实践,而且更加有助于教学主题的明确,从而使教师和学生在主题明确的前提下开展教学活动,这对教师和学生都十分有利。

教学活动是一个长期的行为,因此如果其主题能够非常鲜明、立体,那么教学活动就会更加高效、有趣,就会更有利于学生对体育学习产生强烈的兴趣,进而愿意拿出更多的时间和精力去学习。

总之,教学模式使教师明确教学工作的计划,促进学生设定自己的学习任务、提高学习效率等都具有积极作用。

4. 有助于加强教学评价

体育教学模式不仅为教学活动的过程提供了重要的指导,而且还对教学评价提供一定的参考依据。任何教学活动都应该包含对教学的评价,这是保证教学更加严肃、认真、高效的必要手段。而教学评价需要一定的依据,结合教学实践的具体过程和结果进行一一评价。

由于教学模式提供了一个完整的教学体系,并具有严谨的理论依据,因此自然也提供了完整的教学效果评价方法体系,能够对教师的教学过程、教学方法、教学态度、教学内容，以及教学环境、学生的学习态度、学习成果等作出详细评价，从而判断出教学实践的质量和水平、成效和缺陷，为接下来的教学提供借鉴。

教学评价同时对教师和学生具有监督和强化作用，能够督促教师认真对待每一个教学环节，尽力将教学模式要求的每个元素都做到最好。同时，教学评价也对学生的学习活动起到很好的强化作用，因为学生在上体育课时，由于体育教学活动的特点，有时候会让他们沉浸在具体的运动项目活动中，而忘记了学习的目标，而教学评价则起到很好的提醒作用。总之，大量的研究和经验表明，科学的教学评价对提升教师的教学效果和学生的学习成绩具有明显的作用。同时，教师要想快速成长，必然离不开对教学评价的参考，通过对比自己的教学计划和教学评价的差异，能够直观地反映出教师的实际执行能力，以及制定教学方案的可行性等，这些对于提升教师的执教能力具有关键性的指导价值。对于学生而言，通过教学评价也能够清楚地看到自己的学习效果，从而检验自身的学习方法是否有效，有哪些地方需要加强，哪些需要改进，这是促进学生提高成绩的有效途径。

二、健美操常规教学模式的应用

（一）传统教学模式

传统体育教学模式是在运动技能教育观的指导下，从运动技能形成规律出发设计体育教学程序的一种教学模式，也被称为"运动技能传授模式"。这种模式主要是通过学习运动技术达到掌握运动技能的目的。体育教师应先准确理解与深刻把握动作技术的特征及规律，然后向学生传授运动技能与方法，从而实现运动技能领域的教学目标。

健美操教学中传统体育教学模式的操作程序如图 4-2 所示。

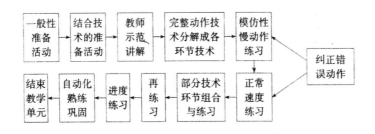

图4-2 传统体育教学模式操作程序 [①]

（二）主动性教学模式

主动性体育教学模式是指体育教师在体育教学中创造条件，使学生充分发挥自主性，提高学生学习积极性的教学模式。

运用主动性教学模式能够实事求是地培养学生的主体意识，培养与提高学生的学习主动性和自主学习能力。该模式对学生本身的学习自觉性和自学能力提出了一定的要求，如果学生自学能力差，不主动学习，则难以取得预期教学效果。

主动性教学模式在健美操教学中运用的操作程序如图4-3所示。

（三）小群体教学模式

小群体体育教学模式是指体育教师按某些共性和特殊性的联系将学生分成若干学习小群体，使学生在"互动、互助、互争"的学习活动中获取知识与技能、陶冶性情、树立集体主义精神的一种教学模式。

小群体教学模式是以学生为中心，使学生全身心投入自主学习，体现了"人本主义"教学思想。该教学模式由创设疑难情境、观察学生的反应、群体研究、分析探究过程以及循环活动5个阶段构成，具体操作程序如图4-4所示。

---

① 邵伟德.体育教学模式论[M].北京：北京体育大学出版社，2005.

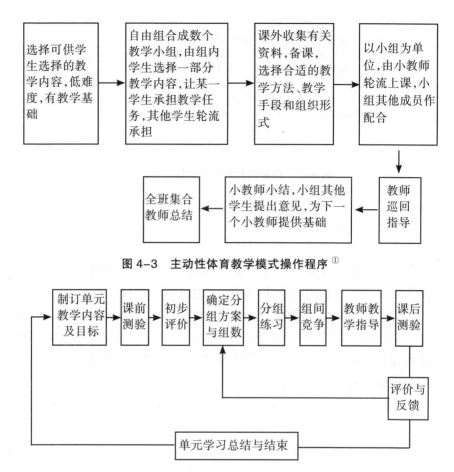

图 4-3　主动性体育教学模式操作程序[1]

图 4-4　小群体体育教学模式操作程序[2]

（四）快乐式教学模式

　　快乐式体育教学模式是体育教学中的一种重要的教学模式，尤其在健美操的教学中，这一模式体现出很强的优势。快乐式教学模式强调在教学过程中，应该营造轻松愉快的学习氛围，这样将更加有助于教学活动的开展，对教师教学和学生学习都更加有利。以下从快乐式教学的优缺点两个方面进行分析。

① 邵伟德.体育教学模式论[M].北京：北京体育大学出版社，2005.
② 葛冰.体育教学模式的整体优化研究[D].东北师范大学，2007.

1. 优点

无论哪一种运动形式，其最根本的目标是提升人的身体素质和运动技能，让人们在体育运动中获得身心的健康，其中快乐是隐含的目标之一。尽管体育运动常常是"反人性"的，需要不断地挑战自己的舒适区，克服困难，突破自身的运动极限，但是最终的结果是获得身体素质和运动技能的提升，以及自我效能感的增加，这些都会给人带来强烈的快乐体验。

2. 缺点

快乐式教学模式的缺点是针对性不强，该模式将教学重点放在尊重学生的个性发展，因此具有较强的发散性，使教学目标较为分散，从而影响了教师对教学进度的掌控，因此教学效率较低。

另外，快乐式教学模式的针对性不强，要尊重每个学生的个性发展，而每个学生的特点和基础都不同，教师很难制定出一个适合所有人的教学标准，自然会带来针对性较差的结果，进而影响对教学效果的评价。

（五）启发式教学模式

启发式体育教学模式是围绕学生主体开展体育教学活动，以学生的积极主动性为基础，使学生积极思考与独立探究问题，发现并掌握知识，最后得出相关结论的一种教学模式。传统体育教学中注重"教法"的改革，忽视"学法"研究，启发式教学模式转变了思考问题的角度，跳出只研究教法的圈子，让学生参与教学，探索知识，以培养学生的探索精神和创新能力。

健美操教学中启发式体育教学模式的操作流程如图4-5所示。

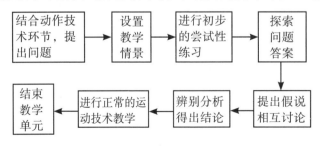

图4-5　启发式体育教学模式操作程序 [1]

① 吴烦.武汉市中小学体育教学模式的选用现状及发展对策研究[D].湖北大学，2016.

（六）选择式教学模式

1.建立背景

当前，在我国高校体育教学中，存在着大量的选项课，选项课这一形式对于高校体育教育质量的提高起到了非常重要的作用。选项课的教学模式符合以学生为主体的教学理念，强调依据学生自身的兴趣和爱好自由选择课程进行学习，通常能取得良好的教学效果，这一模式受到教育者的高度重视。

2.指导思想

选择式教学模式能充分发挥学生的自主性，学生可以依据自身的特点和实际自主选择学习内容、学习进度、学习伙伴和学习难度等，最大程度上激发学生学习的自主性和积极性，能很好地培养学生自觉参与体育学习和锻炼的意识与习惯。

3.操作程序

在健美操教学中，选择式体育教学模式的操作程序如图4-6所示。

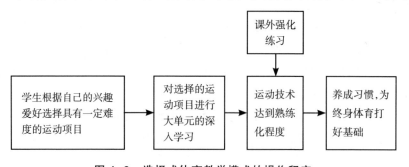

图4-6　选择式体育教学模式的操作程序

4.主要优缺点

（1）优点

一方面，学生可以依据自身的特点和兴趣自主选择学习内容，非常符合"以人为本"的基本教学理念，符合现代教育的要求。

另一方面，通在这一教学模式下，学生学习的主动性、学习态度、心理素质、意志品质等都能得到很好的培养，学生也能建立良好的责任意识。

（2）缺点

一方面，这一教学模式对于那些有运动兴趣的学生具有积极的作用，但对于那些没有运动兴趣的学生则没有效果。

另一方面，受技术难度、运动量以及考核评价等方面的影响，学生学习健美操可能会存在一定的功利性，可能会影响健美操教学的效果。

第二节　健美操教学模式的改革与创新

一、加强学生主体意识的培养

健美操是一项综合了多项元素的体育运动项目，不同的学生喜欢健美操的原因不同，他们关注的点也不同，因此，这为提升学生的主体意识创造了可能性。具体地说，健美操教学本身就具有很强的创新性，和其他传统体育项目不同，比如田径类、球类、游泳类运动，在教学中更多的是传达所教授运动的技能，只有熟练掌握相应的运动技能，才能更好地发挥和发展学生的运动能力。而健美操不同，学好健美操并不等同于掌握固有的健美操技术，实际上，健美操的教学重点不局限于对固有动作的掌握上，而且大多数健美操动作的难度并不高，只要付出一定的时间去练习，就能很好地掌握它。

而健美操的真正难点在于表现力和创新性。即同样学习一套健美操，有的学生就有极好的表现力，令人有艺术享受的感觉，有的学生却表现平平，毫无感染力。因此，提高健美操教学模式非常重要，通过加强学生的主体意识，用自己独特的理解力，或者自身擅长的方式加以演示，要比让学生完成统一的教学更加有效。

总之，加强对学生主体意识的培养，促进其个性化的发展，是突破现有的健美操教学模式的一个重要途径。通过学生的个性带动健美操的学习动力，激发学生产生独特的学习兴趣和学习体验是丰富和改革健美操教学模式的一个趋势。

二、提升健美操教学的灵活性

健美操教学模式的创新首先从教学目标着手，通过制订因人而异的教学目标和教学计划，可以改变其中一两个重要的构成元素，从而实现了对教学模式的创新。比如有些学生喜欢舞蹈，对舞蹈类的动作更加有兴趣，也会投入更多的精力和时间来学习，对于这一类学生，教师应足够敏锐地发现他们的学习需要，并在教学中通过分组设计教学目标和内容来满足不同学生的学习需要，提升教学模式的灵活性，从而提升教学效果。

总之，在健美操教学中，体育教师应具有较强的创新意识，并有能力根据学生的实际身心特点，运用多样化的教学手段，促进教学目的的顺利实现。对于有经验的体育教师，甚至还可以建立个性化的教学体系，为不同的学生"量身"定制教学计划，从而使健美操教学具有更大的灵活性，使不同的学生获得所需的学习体验。

三、激活俱乐部教学模式活力

现代社会的体育教学有很多都采用俱乐部的教学模式，并且获得了较好的反响。作为课堂教学的补充，俱乐部模式表现出其独有的优势。由于不再受考试和分数的限制，学生在俱乐部的学习中会释放更多的个性与活力，他们喜欢俱乐部这种没有太多约束，更多的是和同学、同伴单纯地交流健美操技巧，享受健美操的乐趣，因而，学生们普遍喜欢参与俱乐部的体育教学活动。为促进学生健美操运动水平的提升，应激活健美操俱乐部的模式，吸引大量的学生加入其中，充分发挥个性，探索自身在健美操运动方面的潜力，享受健美操运动的乐趣。

总之，俱乐部教学模式是健美操课堂教学的重要补充，能够满足学生多方面的学习需求，并提供更宽松的学习环境，因此俱乐部教学模式是未来健美操教学模式创新与改革的重要方向。

四、拓展体验式教学模式的应用

体验式教学实际上被普遍运用于学校教学和家庭教育中，只是还并未在健美操教学中被广泛应用。在很多科学教育或者家庭教育中，通过带领学生丰富他们的各种体验，这样可以更加直观地、直接地激发学生的学习兴趣和热情，起到事半功倍的效果。在健美操教学中，教师可以从丰富学生的体验着手，即采用各种手段，使学生从不同角度、不同方面体验到健美操的美感、乐趣、价值和特点等，从而让学生能够更加立体地、全面地认识和感受健美操这项运动，而这种体验比教师单纯的讲解和动作的示范具有更强烈的影响作用。并且，这对于学生健美操知识和技能的提升具有更好的帮助。

第三节　创新性健美操教学模式的构建与应用

创新是发展的最重要的动力，这一道理在健美操教学中同样适用。健美操的教学模式是影响健美操教学质量和效果的重要因素，在进行教学创新的尝试中，对教学模式的全新构建值得投入更多的努力和热情。

一、创新性健美操教学模式的构建

发展至今，体育教学模式已逐渐形成了一个较为完善的体系，各种教学模式在健美操教学中都得到了一定的利用。为促进健美操教学质量的进一步提升，还需要不断革新教学模式，以适应不断发展着的健美操教学需求。

（一）构建"学练赛评一体化"教学模式

学练赛评一体化教学模式是以建构心理学的研究为理论基础而提

出的。研究显示，事物普遍存在复杂性和多样性，只有从多个层次和角度认识事物，才能建立起较为完整的认识体系，才能基本掌握事物的本质。因此，在健美操教学中，有学者提出构建"学练赛评一体化"的教学模式，以促进学生对健美操运动的完整认识、理解和掌握。

学练赛评，分别从不同角度强调了健美操学习的特点，使学生的学习更加全面，能够同时满足学练赛评几个角度的要求，从而促进其对健美操运动的更好掌握。比如，通过灵活的比赛形式，让学生在竞技过程中对自己的徒手动作和艺术体操动作进行对比和反思，并认真观察其他选手的典型动作，以及各项动作的优劣，加深学生对健美操各项动作的印象，并提高自身的动作水平和表现水平。

(二)构建"智能手机＋短视频"教学模式

在信息时代，健美操教学模式的创新与发展必然要与网络技术特别是移动互联网技术相连接。比如"智能手机＋短视频"模式，就是一个值得推广的健美操教学模式的创新。现代的学生生活与以往最大的区别就是，智能手机是他们生活和学习中的一个重要工具，如果能够利用好这一资源，结合短视频的形式将健美操教学更加灵活化、碎片化，以涵盖学生生活和学习的各个角落，让健美操学习和锻炼成为学生唾手可得的一项活动，那么必然会促进健美操的教学效果和教学质量。

(三)构建"借鉴与创新相结合"教学模式

"借鉴与创新相结合"的健美操教学模式，是近年来一些教学经验丰富的健美操教师提出的一种教学模式的创新。它具体是指，大胆借鉴其他学科中成功的教学模式和经验，然后结合健美操的特点进行创新式发展和借鉴，从而提高健美操的教学效率，让学生体会到不同的教学体验，以及新的视角，这对提升健美操教学起到一定的促进作用。

需要注意的是，这种借鉴不是生硬地照搬和模仿，而是有机地将在其他学科教学中发挥优异作用的模式，创新地应用于健美操教学中，即它是借鉴与创新同时进行的，而不仅仅是借鉴，也是一种动态的研究和创新过程，是有经验的体育教师的一种大胆尝试，并值得广泛推广，以促进我国健美操教学的发展。

二、创新性健美操教学模式的应用

在现代教育背景下，加强健美操教学模式的创新与发展非常重要，通过多种科学的教学模式的利用，能有效促进健美操教学质量的提高。如今，多种创新的教学模式在健美操教学中得到了充分的运用。下面就重点阐述几个创新的教学模式在健美操教学中的运用。

（一）多媒体教学模式

如今，整个人类社会可谓进入了一个信息化发展的时代，各种信息化技术得到了广泛的应用，在体育教学中，数字化多媒体系统集成应用为主是多媒体教学的新发展趋势。

多媒体教学开展的场所主要是多媒体教室，多媒体教室主要由多媒体计算机、多媒体液晶投影仪、数字视频展示台、中央控制系统、投影屏幕、音响设备等多种现代教学设备组成。通过这些多媒体技术和设备的支持，可以在演示型多媒体教室完成多媒体教学、专题演讲、报告会、学术交流、演示及娱乐等多种教学活动。

在健美操教学中，多媒体手段主要运用于健美操理论教学之中，应重点做好以下两个方面的工作。

（1）建立完整的多媒体教学系统，通过录像、图片、flash等的引入，合理使用各种教学媒体，实现各教学媒体作用的最大化，为教学服务，使教学更加生动、形象。

（2）借助多媒体，建立校园网，为学生了解健美操知识与信息提供更多的便利，同时还要为师生互动提供良好的沟通平台。

（二）移动网络教学模式

目前，常用的移动网络教学模式主要有以下三种，体育教师可结合具体的健美操教学需求选择与应用。

1. 基于手机短信的移动教学模式

如今，手机早已成为人们生活中必不可少的信息交流工具，打破了传统的书信、当面交谈的时空限制，使得人与人之间的交流更加便捷。

在新的时代背景下，将手机通信引入教学是移动信息技术在教学领域的大胆创新应用，具体教学操作形式为，教师发布教学通知及相关内容，学生对学习情况的反馈与教师的再反馈（师生互动），在线测评与信息查询。

基于手机短信的教学活动的开展对信息技术的应用要求比较简单，只需要一个具有短信收发功能的移动终端就可以实现。

2. 基于 APP 的移动教学模式

当下，各种社交 APP 的发明和应用，促进了信息交流的爆发式增长，除了可以依托社交 APP 开展体育教学组织与交流活动，与此同时，各种教育类的 APP 也层出不穷，这也为给予 APP 的移动教学提供了更多的便利。

以微信在教学中的应用为例。新出现的微信公众平台"VR 程序设计"是为大学生顺利通过计算机二级考试开设的一门程序设计类课程。在微信平台上，学生分组创建微信群，各小组邀请教师加入，同时，所有学生和教师在一个公共群内，借助新课程模式，教师使用微信向每一位学生推送课程资源，学生可以随时、反复学习，在公共群学习讨论，在微社区发帖、回帖讨论，有效促进了师生之间的互动与交流，这对于健美操教学质量的提高具有非常重要的意义和作用。

3. 基于校园网的准移动教学模式

校园网是基于互联网应用，集相关软件与硬件于一体的为学校提供教育教学服务、科研与教学管理的计算机局域网络系统。发展到现在，大部分的学校都建立了自己的校园网络，除了学校建设的校园网教学系统，还有学生自发创建的校园网络交流的贴吧和个体与俱乐部自己的网站。这些网络平台为体育教师的网上教学活动和课外交流提供了良好的条件。

对于体育教师来说，开展网上健美操教学，应熟悉校园网的进入、板块、交互、推出技术，并结合校园网站所提供的网络教学环境特点、学生特点、教学目标来有针对性地设计教学模式板块，应尽量详尽。

（三）"结构—定向"教学模式

1. 模式解析

"结构—定向"教学模式是"结构—定向"教学理论形成与发展的产物，这一教学模式主要包括以下形式：

（1）结构化教学

结构化教学是指为促进学生"发生预期变化"及促进学生心理发展的教学，其要求将"构建学生的心理结构"作为教学的中心。

（2）定向化教学

学生的心理结构对教学效果有很重要的影响，依据学生的心理结构形成规律、特点而开展定向教学工作，以定向培养学生，从而提高教学效果的教学过程就是定向化教学。这一观点在体育教学中主要表现为学生在技术动作学习中认知结构和动作技能的形成过程。

2. 应用流程

可以将"结构—定向"教学模式应用于健美操教学中，其教学程序如图4-7所示。

将"结构—定向"教学模式运用到健美操教学中，需要注意以下几个环节：

（1）细致分析与设计健美操教学目标。

（2）确定健美操的动作定向，创设良好的学习情境，优化教学组织活动。

（3）组织各个小组相互学习与促进。

（4）"反馈—矫正"环节对多种反馈方式综合运用。

（5）强化练习设计。

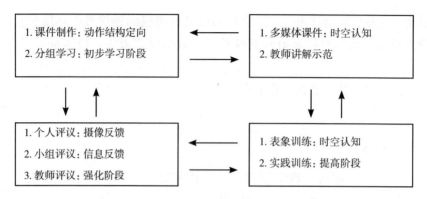

图 4-7 "结构—定向"教学模式的程序

第五章 健美操教学方法设计与应用

健美操教学中，教学方法的设计将直接影响健美操的教学效果和学生的学习体验。本章将从健美操常规教学方法与应用、健美操教学方法的改革与创新以及创新性健美操教学方法的设计与应用等方面展开分析。

第一节　健美操常规教学方法与应用

健美操教学中经常采用的方法是体育教学的一般方法，体育教学方法丰富多样，在健美操教学中，健美操教师可以根据特定教学目的选择相应的体育教学方法，以培养学生不同方面的能力，但要注意必须将体育教学的一般方法和健美操运动的特点结合起来，适应健美操专项教学的需要。

下面具体分析一般体育教学方法在健美操教学中的应用。

一、讲解法

讲解法是健美操教学中的基本教学方法，在一般的体育教学中比较常用，以下是根据健美操的具体情况总结出的一些重要要求。

（1）讲解过程中要有明确的目的性，保证讲解质量。

（2）语言简洁明了，使学生充分理解讲解的内容。

（3）讲解顺序合理，一般先讲下肢动作，再讲上肢动作，最后再讲躯干、头颈、手眼等方面的配合。

（4）讲解时口齿清晰，层次分明。

（5）讲解过程中以声传情，配合手势、眼神等，将有声语言和无声表情、动作结合起来。

二、示范法

（一）完整示范

学生健美操基础较好，且所教健美操动作结构简单时，教师可以给学生完整地示范动作，从动作开始到结束连贯完成动作。

（二）分解示范

学生基础较差，而且所教动作结构比较复杂时，可采用分解动作的方法进行示范，学生掌握各个动作环节后，再进行组合练习。

三、语言提示法

健美操教学中，教师要用精简的语言或口令来提示学生要完成什么动作，在什么时间内完成，完成多少次，以什么方法完成，要达到什么要求等。

四、非语言提示法

在健美操教学中，除了语言提示，还有动作提示、表情提示、声音提示等几种非语言类的提示方法。因为在健美操教学中，有的动作非常快，衔接非常紧密，有时用表情或者一个强烈的感叹词就能起到提示的作用，比完整的语言更加高效，因此，非语言提示法在健美操教学中的应用非常普遍。当教师和学生之间有了足够的默契之后，彼此的一点微妙提示就能发挥作用。动作提示比语言更加快速和形象，能够在极短的时间内传达信息，因此在教学中被频繁采用。

五、纠正错误方法

采用纠正错误方法可以帮助学生掌握正确的健美操动作，纠正错误方法具体有以下几种运用方式：

（一）语言纠正法

在健美操教学中，学生因为记忆模糊或不清楚动作要领而出现错误动作时，教师可通过语言提示来启发学生完成正确动作。在提示过程中，可提示动作名称或动作要领。

（二）指导法

学生完成健美操练习后，教师评价学生的练习情况，指出错误与不足之处，指导学生及时改正。

（三）助力法

助力法是指教师给学生提供直接的帮助，以促进对正确动作的体会，然后在以后的练习中，通过对比动作的体验来纠正自身的动作和发力点等。在具体的实施过程中，教师会帮助对动作理解有问题的学生，通过教师的助力，让学生完成正确的动作，并在该位置适当地保持一段时间，目的是让学生充分感受动作的发力特点，并记住动作的形态特点。经过多次练习，能够帮助学生快速地掌握正确动作技术。

（四）对比分析法

让学生对比教师的正确动作和同学的错误动作，通过观察其中的差异来提高对动作的精准掌握，并懂得错误的点以及如何改正。有时候学生只是需要多一些的时间，慢慢体会正确动作的内在逻辑，以及其所要达到的目的或者实现的某种变现力，或者通过对比正确动作与错误动作的细微差异，也能快速领会动作要领。因此，在常规的教学中，教师经常会采用对比分析法指导学生掌握有一定难度的技术动作。

（五）静控体验法

有些学生在刚开始学习健美操时，对动作的控制能力较差，总是出现这样或者那样的问题，有时候甚至会影响教学进度的正常进行。对此，教师需采用肢体控制方法来使学生切实体会肌肉用力感和正确的动作方位。例如，有些学生练习时手臂伸展不直，教师可专门安排两臂伸直的练习。即先让学生掌握发力技巧，通过静态地体验正确动作的用力时的感受，理解运动机制，然后再进行动态的动作练习。

六、动作组合教学方法

健美操是由多种独立的动作组合为一套完整的健美操系统，在教学中，常常先进行较为简单的相对独立动作的教学，然后再采用适当的方法进行组合，以下是一些最常用的动作组合教学方法，它们是在多年的实践中逐步总结出来的，因此具有较强的实践性，但是缺点是不够系统，彼此之间有重复和交际，不是每个方法都适用于所有的健美操动作，因此在教学实践中，教师要根据动作的特点选择合适的方法，从而获得最佳的教学效果，让学生也能收获较好的学习体验。

（一）连接法

连接法顾名思义，就是将一些独立的动作进行连接，为了达到不同的表现效果会采用不同的连接方法，或者为了实现不同的目的，而选择不同的独立动作进行连接。因此，连接法是健美操教学中经常使用的一种教学方法。按照不同的顺序，将不同的动作连接，就会形成不同风格 或者主题的健美操，这是连接法的优势所在。

（二）线性渐进法

在健美操组合动作或套路动作教学中，教师经常采用线性渐进法进行教学。具体方法就是按顺序排列单个动作，线性渐进法的运用示例见表 5-1。

表 5-1　健美操线性渐进法教学示例 [①]

步骤	节拍	动作	下肢动作	方向	上肢动作
1	1×16	A	一字步	面向前	双手叉腰
2	1×16	A	一字步	向 2 位, 还原	双手叉腰
3	1×16	A	一字步	向 2 位, 还原	手臂胸前屈, 双手叉腰
4	1×16	B	并步跳	面向前	双手叉腰

---

① 李少芳，朱艳．健美操的有效教学与系统训练研究 [M].北京：九州出版社，2017.

步骤	节拍	动作	下肢动作	方向	上肢动作
5	1×16	B	并步跳	向2位,向8位	双手叉腰
6	1×16	B	并步跳	向2位,向8位	胸前击掌,双手叉腰

（三）递加循环法

递加循环法就是学习新动作后，连接前面的动作进行综合练习，教学示例见表5-2。

表5-2　递加循环法教学示例[①]

动作A	4迈步侧点地
动作B	2V字步
连接动作A+B	4迈步点地+2V字步
动作C	2交叉步
连接动作A+B+C	4迈步侧点地+2V字步+2交叉步
动作D	4小马跳
连接动作A+B+C+D	4迈步侧点地+2V字步+2交叉步+4小马跳

（四）金字塔法

金字塔法有正金字塔法（图5-1）和倒金字塔法（图5-2），它们是指通过递增或者递减的方式，改变单个动作的练习次数，以达到逐渐熟练的目的。正金字塔法指的是逐渐减少单个动作的练习次数，其优点是使学生专注于动作技术、身体姿态、练习强度；倒金字塔法指的是逐渐增加单个动作练习次数，优点是增加组合动作的复杂性和动作连接的节奏感，使学生的注意力集中到动作练习中，提高练习效果。

---

① 黄文杰，刘畅.健美操教程[M].北京：北京大学出版社，2014.

图 5-1　正金字塔法　　图 5-2　倒金字塔法

（五）过渡动作法

过渡动作法就是将一个或一段简单的动作加在复杂动作之前，作为学习复杂动作的一个过渡，这对于掌握复杂动作非常有利。学生掌握复杂动作后，可去掉过渡动作再进行完整练习。

过渡动作法的教学示例见表 5-3。

表 5-3　过渡动作法教学示例[①]

动作 A	4 迈步侧点地
过渡动作 N	4 并步
动作 A+N	4 迈步侧点地 +4 并步
动作 B	2V 字步
动作 B+N	2V 字步 +4 并步
动作 A+B+N	4 迈步侧点地 +2V 字步 +8 并步
动作 C	2 交叉步
动作 A+B+C+N	4 迈步侧点地 +2V 字步 +2 交叉步 +4 并步
动作 D	4 小马跳
动作 A+B+C+D	4 迈步侧点地 +2V 字步 +2 交叉步 +4 小马跳

（六）层层变化法

层层变化法是指在多次练习中，通过层层变化从一个动作组合逐

---

① 李少芳，朱艳.健美操的有效教学与系统训练研究 [M].北京：九州出版社，2017.

渐过渡向另一个动作组合的方法。运用这一方法，需在原有动作的基础上做出改变，每改变其中一个动作，就要重新练习整个组合动作。

第二节　健美操教学方法的改革与创新

一、贯彻"以人为本"教学理念

"以人为本"是近些年来被一再强调的教学理念，对于健美操的教学而言，"以人为本"似乎具有更加特别的意义。健美操是一项兼具集体性和个性的体育运动项目，如果仅仅按照常规的教学理念进行的话，那么就会忽略其个性化发展的部分。加强贯彻"以人为本"的教学理念，则很好地激发出每个同学的个性，使健美操教学更具活力、更有新意。具体体现在以下几个方面：

（一）设计具有启发性的教学方法

最好的教育不是灌输，而是通过启发和引导的方式，让学生的自主性和主动性被全部调动起来，引导学生进行自我定位与自我评价，以培养学生的自主学习能力，促进学生自我发展价值的实现。

（二）创造激励性教学方法

对于不同学生之间的差异要正确对待，对学习水平较低的学生给予尊重与关心，采用激励教学方式带领学生进步，对学生在学习过程中的良好学习态度和努力付出予以肯定，增强其学习信心，使其学习积极性更强。

二、创建轻松活泼的教学环境

传统健美操教学方法在课堂上运用比较单一，而且带有一定的强制性，学生被灌输知识，被动接受，自主意识得不到重视，课堂教学氛围沉闷，整个课堂教学过程枯燥乏味，模式化严重，最终导致的结果是学生毫无学习兴趣与热情，教学效果与预期差距大。针对这个问题，应该在健美操教学方法的创新与运用中创建轻松的教学环境、营造活泼的教学氛围，使学生感受到学习健美操的趣味，并乐于主动学习。为了达到这一目的，需做好以下几方面的工作。

（一）健美操教师善于调动课堂气氛

通过调动课堂气氛，使学生保持愉悦的心情来自主学习、配合教师，使其在良好的状态下对健美操的魅力产生深刻的体会，从而将其学习兴趣和热情激发并调动起来。在轻松欢悦的课堂教学氛围下，更能体现健美操充满律动与节奏的特性，身体的放松、情绪的放松使学生全面地融入健美操的教学活动中，从而为提升教学效果做好准备。

（二）提高教学方法的开放性、趣味性

兴趣等元素融入新的教学方法中，使之为营造活泼欢快的课堂氛围提供便利，在欢快、活跃、充满律动的健美操教学中使学生保持长时间的学习兴趣，提高健美操知识素养和运动技能水平，达到良好的教学效果。

第三节　创新性健美操教学方法的设计与应用

健美操的教学方法是帮助学生快速、准确掌握健美操运动的重要手段，其目的就是使学生的学习与训练能够顺利进行。因此，在进行健美操教学方法的创新式设计与应用时，首先应该明确的是要以学生为核心，从学生的实际情况出发，以他们最感兴趣、最容易接受的方式开始，然后结合当前的技术手段，大胆创新与突破，设计出深受学生欢迎和喜爱的健美操教学方法。

一、健美操教学中微课教学方法的设计与应用

（一）健美操微课教学方法设计与应用原则

在健美操教学中应用微课教学法应贯彻以下原则：

1. 清晰简明

微课教学方法的设计，重点是对教学实践和教学节奏的掌握。有研究显示，一个人保持高度专注的持续时间是5—10分钟，超过10分钟，人体会自动地降低注意力以保护机体不会产生疲劳。因此，在设计微课时，教师应牢记这一普遍客观情况，将重点内容凝缩在10分钟之内，以提升教学的效果和效率，使学生在最佳状态下获得了全部重点知识和技能的讲解，甚至还有些意犹未尽的感觉，并期待下一节课的内容，这是对清晰简明原则的最好体现。

2. 突出针对性

因为微课教学本身时间就短，在短时间内不可能完成很多内容的教学，所以必须结合学生情况和教学重难点来选取适宜的知识点，在教学中围绕这个知识点说明相关问题，使学生学习起来更有针对性、效率更高。

（二）健美操微课教学方法应用设计

1. 教学程序设计

在健美操微课教学方法设计中，教学程序设计也就是方法实施过程的设计，在这方面应从三个阶段进行安排，包括课前准备、课中教学与课后安排。一般在课前、课后安排学生对微课教学视频的自主学习。课前对微课视频进行制作并及时上传，为课中学习提供资源和工具，学生反复观看视频，总结自己的问题，课中提出问题并获得教师

的解答与帮助，教师耐心指导学生，解决学生提出的问题，这样课中教学效率就会大大提高。课后学生复习和预习功课也可以将微课视频利用起来，以巩固所学知识，并为学习新内容做好充分准备。健美操微课教学方法实施过程的设计如图 5-3 所示。

（1）课前准备

课前准备是保证微课教学质量的重要组成部分，是教师通过实现和学生沟通好的方式，提前将要教授的内容布置下去，给学生一些思考和预习的主题，并要求学生进行自主学习，在这一过程中，教师可以提供一些必要的资料，从而让学生为正式的学习做好"热身"准备。

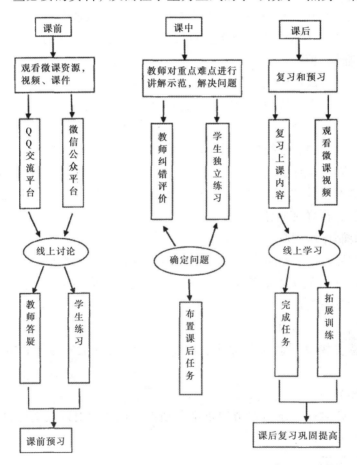

图 5-3　健美操微课教学方法实施过程 [①]

————————————

[①]　陈启琴.微课技术在高校健美操专项教学中的应用研究 [D].陕西师范大学，2017.

在健美操微课教学的课前准备阶段，教师制作微课视频是非常关键的一步，视频质量直接影响微课教学的效果。健美操微课视频的制作流程如下：

①建立制作标准

首先建立微课教学视频的设计标准，按照标准进行设计，确定主题，保持与教学内容的一致性。

②选择媒体内容

媒体内容是非常重要的素材，选择素材是微课教学视频制作中最基础的环节，也是非常重要的环节，视频制作能否成功，质量如何，都受到素材选择的影响。选取素材时要以健美操教学目标、学生认知特点及学习需求、学生审美特点等为依据，突出素材的实用性、审美性及其他价值。

③整合媒体内容

制作多个片段视频，从中精心选择满足条件的视频，然后加以合成。

④模块化划分

对教学内容进行模块划分，然后编号，为脚本设计奠定基础。

⑤脚本设计

脚本设计包括编写视频文字稿和制作视频脚本，制作时先进行整体制作，再详细制作。

⑥制作微视频

按照教学目标和教学要求制作微视频，最终制作成果要能引起学生的注意，使学生对健美操学习产生兴趣，要成为学生健美操学习中重要的学习资源。

（2）课中设计

健美操微课教学程序中，课中教学阶段一般安排下面几个教学环节：

环节一：

教师讲解、示范本节课重难点动作，让学生对所教动作进行直观学习与掌握。

环节二：

教师解答学生在线上提出的问题，解答问题时要善于启发学生一起探索问题的答案，共同答疑，使学生对答疑方式和最终答案印象更深刻。如果教学对象健美操学习能力较差，教师在分解示范上花的时间多一些，然后再让学生自主思考与练习。

环节三：

教师对学生进行分组，各组学生听安排练习，教师观察指导，在这个过程中要对学生的自主创新提出一些要求。

环节四：

利用课堂时间进行知识拓展学习，播放精彩的健美操比赛视频，使学生学习健美操竞赛规则。同时还要安排身体素质练习，为学生技能的提高奠定基础。

环节五：

教师点评学生的学习成果，指出问题和需要改进的地方，这样学生在课后练习时就更有针对性。

（3）课后总结

课后总结包括教师进行教学反思、学生进行课后练习两部分。

教师的教学反思能根据本次教学发现自身教学的优缺点，并及时巩固优点，改善不足。学生通过课后练习可强化学习中模糊和不足的地方，从而更好地掌握健美操的知识和技能，并为下次课做好准备。

2. 教学资源设计

微课教学资源的设计流程如下：

（1）确定教学目标

首先将健美操微课教学目标确定下来，再依据此确定学习目标，然后依据教学目标和学习目标展开后面的设计工作。

（2）确定主题

根据健美操课程教学目标与任务确定微课主题。

（3）分析教学内容

教师认真分析教材和教学内容，充分把握重难点内容和学生容易出现错误的内容。

（4）分析学习资源

支持学生学习的物质条件就是学习资源，对学习资源的分析与选用直接关系到学生的学习成果。在这一环节要将健美操教学特点和微课教学特点结合起来，对丰富适宜的学习资源进行选择。

（5）分析学习者

对学习者的兴趣爱好、健美操基础运动能力、身体素质进行分析，针对不同层次的学生设计与选用不同的教学资源。

（6）选择学习方法

贯彻因材施教原则，根据对学习者的分析结果对适合不同学生的学习方法进行设计与选用。

（7）选取课程内容

根据教学目标将课程内容确定下来，课程内容要满足学生的兴趣爱好，有助于促进学生全面发展。

（8）设计学习过程

微课学习过程较为复杂，因此要设计好每个环节，各环节之间紧密联系、相互影响，教师在学生的学习过程中发挥重要的引领作用，同时要注意培养学生的自主学习能力。

（9）设计教学评价

微课教学效果是否达到预期目标，这是终结性评价，微课教学过程中学生是否积极学习，这是过程性评价。

（10）教学反馈

微课教学结束后教师认真反思自己的教学行为，并总结学生提出的问题和建议，以完善设计方案。

二、健美操教学中"三段式任务驱动教学法"的设计与应用

（一）"三段式任务驱动教学法"的阐释

三段式任务驱动教学法将教学过程分为动态的自主学习、相互协助学习、任务的驱动三个教学部分，这三个部分既相互独立，又相互联系，环环相扣，呈递进式，由被动变主动激发学生的学习积极性与创造性，培养学生的自学能力，提高学习效率。其中自主学习强调提高学生的自主学习能力，为学生找到合适的学习方法，这个阶段的学习主要解决基础性问题；协作学习阶段以学生的探究为基础，学生之间相互学习，相互沟通共同达到目标；任务驱动阶段，教师根据学生的学习情况布置任务，引导学生在探索中完成任务，然后再总结学习过程和成果。

（二）健美操"三段式任务驱动教学法"的应用流程设计

在健美操教学中采用三段式任务驱动教学法，应按如下步骤设计教学过程：

1. 提出教学目标

教师制订教学目标时在课前做好充分准备，深入研究教材内容和课程标准，了解学生特点，制订出可操作性强的具体的教学目标。

2. 设计教学任务

教师根据不同学生的特点对任务进行分类，由简到难，由上到下，可在课前先制订一个大任务，再细化成具体的任务，也就是分解成二级甚至三级子任务来逐步完成。教学任务要有趣味性、开放性、操作性、针对性。根据学生学习情况循序渐进地布置任务，难度逐渐提升。任务分解如图 5-4 所示。

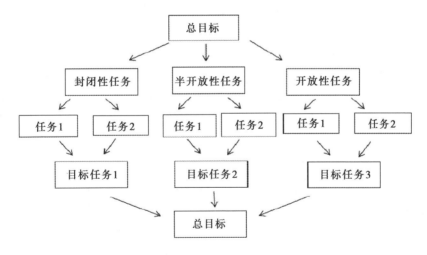

图 5-4　任务分解 ①

---

① 　田舒雅."三段式"任务驱动教学法在普通高校健美操公选课教学中的应用研究 [D].云南师范大学，2019.

3. 教师指导学生学习

自主学习阶段，让学生了解健美操的基本知识及基本动作技能，有效引导学生积极学习，激发学生兴趣。

协作学习阶段，注重互动学习，以学生为主体相互帮助学习基本动作技能，教师及时纠正学生的错误，尽可能充分解决好学生学习中出现的问题、错误动作和教学难点。

任务驱动阶段，总结学生的学习结果，认真反馈、梳理，布置更高层次的任务，使学生保持良好的自主学习态度及课堂参与程度。

4. 学生自主学习

正确引导学生自主学习健美操课程，当学生了解健美操基础知识及基本动作技能后，要设置一些简单的问题使学生自主解决，并让学生利用已学知识进行拓展学习。

5. 检验学习效果

对学生的自主学习情况进行检验，根据学生的学习情况开启下一阶段的教学工作。

6. 教师纠正

教师作为主要引导者要不断纠正学生的错误动作，提高学生健美操动作技能的规范性。

7. 任务驱动

学生基本了解并体验健美操运动技能后，引导学生归纳、总结并了解健美操动作的联系，使学生对健美操知识的掌握达到结构化和系统化，以便于学生理解和记忆。在学生能够运用所学知识与技能后，设计较高层次的应用任务，使学生对健美操知识与技能的掌握及运用达到较高层次。

8. 课后总结

检验课堂教学成果，教师和学生都要进行总结评价，评价时指出学生自学存在的疑难问题，并给出解答。

三、健美操教学中分层升降法的设计与应用

分层升降教学法是在分层教学法的基础上调整教学层次的新型教学方法。将分层升降教学法运用到健美操教学中，可根据不同学生的实际情况设定不同层次的目标，充分调动学生学习的积极性。

（一）分层升降教学法的特点

1. 强调学生的主体地位

分层升降教学法要求教师从每个学生的不同特点出发实施有针对性的教学，对教学目标进行科学制订的同时，正确评价每一位学生，区别对待，因材施教，促进学生全面发展。在这一教学方法的实施中，学生的主体地位得到重视，学生充分发挥自己的主观能动性，积极主动地投入学习。经过不断努力，学生不仅完成了学习目标，还上升到了更高的层次，成就感倍增，而且更有信心进行后面的学习。

2. 对教师提出了新要求

分层升降教学法体现了因材施教的教学理念，该理念与该方法对教师提出了更高的要求，具体表现在以下几方面：

（1）教师需要详细了解每位学生的个人特点、学习情况，并在备课时多花一些时间和心思，基于学生实际情况而安排分层教学法的实施。

（2）教师要严谨组织与实施教学，有效调节课堂教学气氛，严格把控学生的学习时间。

（3）教师要在课堂结束前对学生进行评价，这就对教师的总结能力提出了一定的要求，教师要指出学生在学习中的普遍性问题，引导他们改正。

3. 培养学生竞争意识

竞争在现代社会中无处不在，学校要培养学生的竞争意识，从而使他们将来更好地适应充满竞争的社会环境。运用分层升降教学法可以培养学生的竞争意识。教师将学生分为不同的层次，不同层次和同

一层次的学生之间都存在一定的竞争关系，教师要有意识地培养学生的竞争能力和适应能力。

总之，在健美操教学中运用分层升降教学法，可提升教学质量，全面提高学生的个人素质，促进学生成长与成才。

（二）健美操教学中分层升降教学法应用的设计

在健美操教学中，学生是主体，对学生层次划分的合理性直接影响教学效果。因此在开展具体的教学工作前，教师应合理设计教学内容，并进行动态调整，确保内容合理，能提升学生的层次和学习水平。将分层升降教学法应用到健美操教学中，要注意坚持系统性教学原则，循环控制整个教学流程，根据学生的学习情况确定升降幅度，为学生后续学习打好基础。

具体而言，分层升降教学法在健美操教学中的运用和实施方式如下：

1.客观地进行分层

健美操教师应根据学生的健美操水平进行分层，并向学生说明实施分层升降教学的原因，让学生更好地接受分层升降安排，避免学生出现抵触心理或不良情绪。另外，学生也要将自己的学习目标明确下来，教师应多鼓励和辅导低层次学生，帮助他们掌握技术，使其获得成功的体验。例如，为了将分层升降教学法的功能和应用效果充分展示出来，教师在课堂上对学生进行不同层次的划分，根据学生在测验中的表现来打分，将没有达到平均分的学生分到 B 层，超出平均分的学生分到 A 层。

需要注意一点，在健美操教学中运用分层升降教学法，并不是拆分原教学班，而是从不同学生的实际情况出发采用不同的教学方式和考核方式来进行教学，从而激发学生的进取心与竞争意识，使学生向更高的层次努力。

2.制订不同层次的教学目标

分层升降教学法的优势非常明显，不同层次学生的健美操运动水平虽然存在差异，但差异不是很大。教师可以针对不同层次的学生制订不同层次的教学目标，但要保证不同层次的学生经过努力后可以达到相应层次的目标，否则无法体现升降教学的功能。例如，A 组学生技术水平较高，在教学中，教师要通过竞赛、专项训练等方式为学生提供更多的时间和机会来使其锻炼技能，从而使学生获得更高水平的提升。针对 B 组学生的教学应以基本动作为主，先让学生掌握单个动作，再传授组合与成套动作。

3.设计教学组织形式

在分层升降教学中，教师多采用小组合作形式来组织教学，教师划分学习小组，划分依据是运动水平是否相似，水平相似的学生在同质学习小组，教师将这一小组的学习内容和目标确定下来。教师也会将不同运动水平的学生共同安排到异质学习小组，让基础好、水平高的积极分子带动学习懒散、水平低的学生，帮助他们提高学习兴趣和学习能力，提高健美操技术水平，这也能够培养学生的团结协作能力。

4.不同层次之间相互交流

在实施分层升降教学时，不要将学生永久定格在同一层次中，教师需要适当调整学生的层次，这是为了提升学生的自信心和学习积极性，突出升降效果。调整层次后，教师依然要区别对待，因材施教，加强与学生之间的互动，并鼓励不同层次学生之间的相互交流，主要是鼓励高层的学生帮助低层的学生，促进低层学生进步，从而共同进步，实现教学目标，提升教学质量。

第六章 | 教育信息化背景下健美操网络教学平台设计与应用

　　随着现代信息技术在学校教育领域的不断渗透，学校教育信息化进程加快，信息化教学水平显著提升。在这一背景下，依托现代网络技术建设健美操网络教学平台具有极大的可行性。健美操网络教学的实施紧跟教育信息化潮流，符合时代要求，也能够满足学生利用网络技术获取学习资源的需求，培养学生的自主学习能力和信息化素养，能够为健美操教师组织教学带来便利，提升健美操教学效率。本章重点在教育信息化背景下探讨健美操网络教学平台的设计与应用，首先阐释教育信息化的背景与内涵，其次对健美操教学平台的优越性、平台开发设计进行分析，再次基于教育信息化背景研究健美操网络课程教学设计，最后探索健美操网络教学平台的实践应用指导。

第一节　教育信息化的内涵

一、教育信息化的基本内涵

教育信息化是将信息作为教育系统的一种基本构成要素，以先进的教育理念为指导，在教育教学、教育科研和教育管理等领域全面深入地运用以计算机、多媒体和网络通信为基础的现代信息技术，不断开发优质教育资源，培养适应时代发展要求的具有现代信息素养的创新型人才，实现信息技术与教育的深度融合，加速推进教育现代化的历史过程。

下面从几个方面来理解教育信息化：

（1）教育信息化发展的最终目的是促进教育现代化。

（2）教育信息化的应用与推广主要面向教育教学、教育科研和教育管理等各大教育领域。

（3）教育信息化强调在整个教育领域应用与推广信息与信息技术的同时，必须以教学领域为重点。

（4）现代信息技术的不断发展是教育信息化前进的内驱力。

（5）教育信息化是动态发展的，而非一蹴而就。

二、教育信息化：从 1.0 到 2.0

有学者将 21 世纪以来我国教育信息化的发展划分为两个阶段，分别是教育信息化 1.0 阶段（2001—2017 年）和教育信息化 2.0 阶段（2018 年以后）。当前，我们正处于教育信息化 2.0 阶段。2018 年 4 月，教育部发布《教育信息化 2.0 行动计划》，标志着我国正式迈向教育信息化 2.0 阶段。

师资不足成为制约偏远地区学校教育教学发展的主要因素，但随着信息技术的不断发展及其在教育教学中的广泛应用，这一现状得到了一定程度的改善，这表明我国走教育信息化之路之后取得了一定的成果，而且教育信息化应用水平还会随着现代教育技术的不断发展以及学校教育教学的深入改革而进一步提高。我国在教育信息化的改革与发展道路上，结合中国特色社会主义初级阶段的国情，致力于对中国特色社会主义教育教学信息化的路径加以探索，实现信息技术与各学科教学的多元和深层融合，大量实践表明我国的教育改革走信息化之路是正确的。

现阶段，我国有关部门正在进行对指引与促进教育现代化发展的相关文件的研究与制定，以便在科学理论和理念的指引下全面部署未来教育路线，做好宏观规划，更有目的性、方向性地开展教育工作，最终实现教育强国的战略目标。

在信息社会，教育治理离不开对信息技术手段的应用，将现代信息技术融入教育改革与治理中，构建教育信息化的改革与治理模式，在教育服务、教育教学过程以及教育管理中充分使用现代科技手段，尤其是现代教育技术，有利于促进教育信息化的可持续发展，进一步突出教育的人本性、平等性、开放性。教育信息化的发展既是宏观的，也是阶段性的。为了对教育信息化 2.0 有更加深刻的认识与理解，我们需要从宏观、中观和微观三个维度来对其发展变迁进行探讨。

（一）宏观维度：从基本应用向融合创新的转变

在教育信息化发展早期，主要是在学科教学中采用信息技术手段，促进信息技术与课程的整合，尤其是与课程实施过程也就是教学过程的整合。随着现代信息技术的不断发展及教育教学的深入改革，信息技术与课程或教学逐渐从表层的整合向深层的融合过渡，强调在教和学的过程中，教育方法、教育策略以及教育模式等应在信息技术的支撑与引领下获得更好的创新、应用。信息技术与教育从整合到融合，从表层联系到深入渗透，这充分体现了信息技术教育应用的发展与飞跃，也从侧面充分体现了教育信息化从 1.0 到 2.0 的发展趋势。在教育信息化 1.0 阶段，信息技术在教育教学中的应用是我国推进教育信息化发展的主要方向，强调教师要在学校教育中经常使用信息技术，使之成为普遍性的教学手段。而在教育信息化 2.0 阶段，随着信息技术与教育的深度融合，更强调在教育教学的改革与创新中信息技术所起的作用和发挥的功能，所以在教育信息化 2.0 阶段，"创新"是关键。

有学者指出，区分教育信息化处于 1.0 阶段还是 2.0 阶段，要以教育与信息技术是整合还是融合为标志，或者说要以教育信息技术融合的程度与深度作为标志来判断和区分。在 1.0 阶段，教育与信息技术的融合不够深入，主要解决了一些关于基础设施的问题，而教师素质、教学观念等没有明显转变，很多学校和教师都是被动使用信息技术进行教学，或者说为了创新而创新，而不是真正从内心深处接受信息技术或认可信息技术。而在 2.0 阶段，教育与信息技术实现了深入融合，除了基础教学设施得到了改善，教学观念也在更新，教师的业务能力尤其是信息化教学素养不断提升，学生的信息化学习能力也有了进步，教师与学生普遍能够主动寻求信息化教学手段来解决教授与学习过程中遇到的问题，能够主动拥抱信息技术，而不是像 1.0 阶段那样被动应付。

从宏观视角而言，教育信息化 2.0 时代的到来对学校的教育教学条件和教师的专业素养提出了更高的要求，学校不仅要在教育教学中充分使用信息技术来提高教育教学效率与质量，还要在教学管理中采用信息技术来促进传统教育的改革，为传统教育的创新发展提供引领和动力，更好地实现教育资源的优化配置、校园文化的重塑、教学结构的优化升级以及重要价值的重塑。教育信息化 2.0 时代强调教育与信息技术的深度融合，在这一基础上实现教育的创新发展，所以说信息时代教育创新与教育和信息技术的融合是不谋而合的。

虽然在教育信息化 1.0 时代就在教育中使用信息技术教学手段，但这一时期信息技术所起的作用主要是促进教育教学方法和手段的改进，只是做了一些简单的"修修补补"，更强调通过利用信息技术来改革传统教学手段，促进教学环境的优化和教学方式的变革，但关于教育系统中的重大结构性变革，信息技术尚未起到应有的引领和支撑作用，而这在教育信息化 2.0 时代逐渐得到了弥补。

(二)中观维度:经验化管理向精准管理的转变

在教育信息化 2.0 时期，随着信息技术的不断变革和现代教育技术在多学科教学中的深入渗透，有关部门在学校教育管理中为提高管理水平，对人工智能、大数据等现代化技术加以应用，这是国家教育管理公共服务发展的必然要求，也是教育信息化发展到一定阶段的成果。在教育管理中采用信息技术并不是只将其应用到课堂教学工作的开展中，还会利用信息技术来提升教育质量，并为现代化教育管理工作的开展及提高教育管理水平提供基础支撑，如利用信息技术来更好地配置物资资源、调配人力资源、解决传统教育管理的遗留问题等。

总之，在教育信息化 2.0 阶段，从中观维度上来看，能够使教育管理摆脱经验化管理的困境，实施精准管理，实现教育管理的科学化、精细化和多元化。

1. 科学化管理

传统教育管理存在经验主义、管理决策片面化等问题，经验管理是缺乏科学理论依据和理论支持的，管理之所以出现了经验主义的问题，主要是因为管理技术自身的局限性，导致管理者无法获得大量可靠的数据，所以不得不靠经验进行管理决策。此外，传统教育管理还存在管理决策片面化的问题，主要原因是管理过程中各职能部门缺乏交流，信息分享不及时等。

在教育信息化 2.0 阶段，教育管理决策经验化、片面化的问题都能够得到解决，管理者从依靠经验管理转变为依据数据进行针对性管理，而且随着信息分享渠道的拓展，管理决策也越来越精准。

2. 精细化管理

传统教育管理中，因为教育教学是动态发展的，所以管理者很难对教育教学的综合情况、动态变化有准确、及时的把握，这就影响了教育管理的动态性，也导致管理决策与管理内容发生时间错位。而在教育信息化 2.0 时期，随着大数据在教育管理中的不断应用，管理者能够根据数据分析结果来开展具有针对性的管理，如此及时、智能化的管理更加精准、有效。

3. 多元化管理

传统的教育管理以行政部门管理为主，管理结构具有封闭性、垄断性特征，管理主体以政府为核心，这种宏观管理模式虽然有利于统筹全局，但也有诸多弊端，会遗漏一些有必要管理但没有管理的地方。而在教育信息化 2.0 时代，管理主体多元化，多方利益主体都可以共同参与管理，不同组织机构可以利用互联网平台参与综合评估和管理决策，从而使教育管理更加民主，进一步满足多方利益主体的需要。

（三）微观维度：对教师的要求从基本技能向信息素养的转变

在教育信息化1.0时代，教师在教育教学中普遍应用信息技术手段，这对教师的信息技术应用能力提出了一定的要求，并将教师能否熟练运用信息技术进行教学作为评价教师信息化教学能力高低的一项指标。而在教育信息化2.0阶段，不仅要求教师能够熟练灵活地运用信息技术进行教学，还要求通过教师对信息技术的合理使用来实现信息技术与现代教育教学的深层融合。

信息技术在教育教学中能够起到什么作用，达到什么效益，作用发挥的程度如何，效益是大是小，这些在一定程度上都是由教学的引领者和直接实施者——教师自身的信息技术素养所决定的。之所以要整合信息技术与教学，主要是为了转变教学方式，提高教学效果和质量。而转变教学方式与转变教师角色应该是同步的，否则如果只是教学方式发生了转变，但教师不会实施新的教学方式，那么教学方式的转变便毫无实际意义。所以，我们在强调转变教学方式的同时，还要鼓励教师转变自身角色，从而使能够在教学内容传授、教学评价中运用基于信息技术的现代方法与策略来提高信息传播效率，客观评估学生的学习情况，同时能够在日常教学中运用数字化教学策略，提高教学水平。总之，教师角色的变化是教育信息化2.0时代的客观要求，是提高教育水平和育人效果的基本要求。

综上分析可知，从微观层次来看，教育信息化2.0时代对教师的要求从基本技能转向信息素养。但是目前我国很多教师的信息技术素养都不够高，一些教师只会用电脑打字、做PPT，而对其他能够被运用到教育教学中的软件或功能则知之甚少。在信息化时代，要加快教育教学的信息化改革，提高信息化教育水平和质量，实现教师角色的转变和信息技术素养的提高，就有必要加强对教师信息技术素养的培养，并将此作为教育现代化发展中的一个核心环节来抓。

三、教育信息化 2.0 的归宿：培养学生的核心素养

教育信息化 2.0 时代的到来对学校、教师和学生都提出了一定的要求，对学校而言，要加快进行信息化改革，转变教学方式，培养学生的核心素养，对教师来说，要自觉转化角色，提高信息技术教学能力，从而在信息化教学中对学生的核心素养进行培养，对学生来说，要自觉掌握信息技术手段，提高自主学习能力与核心素养。从对学校、教师和学生的要求来看，培养学生的核心素养无疑是教育信息化 2.0 时代的最终归宿。

在教育信息化背景下培养学生的核心素养，要以正确的价值取向为引导，防止技术理性凌驾于价值理性之上，否则会出现"以技术为本"的问题，与"素质教育"和"以人为本"的教育理念背道而驰。

培养学生的核心素养，将学生培养成为德智体美等各方面素质全面发展的人，使学生不仅文化基础扎实，而且社会参与度高，并能自主发展。具体来说，要培养学生的科学精神、人文底蕴、责任意识、创新能力，使学生会学习、会生活，能够为祖国建设和民族振兴做出自己的贡献。而培养学生的核心素养，使学生全面发展，就要围绕培养核心素养的要求加强对教育教学模式、人才培养模式的改革与创新。

一直以来，我国传统教育过分强调对学生知识素养和应试能力的培养，而忽视了培养学生的思考能力、实践能力和创新能力，这是我国实践型和创新型人才长期缺乏的一个重要原因。传统教学模式被一些学者称作是"人灌"，主要表现为单向教学，缺乏反馈，教学内容单一，教学方法陈旧，面对众多学生采取千篇一律的、毫无差异的教学方法，学生学习比较被动，对教师言听计从，缺乏主动创造性。直至现在，这些"人灌"的教育问题还没有从根本上得到解决，而且随着信息技术在教育教学中的普遍运用，出现了"电灌"的现象，意思是教师单方面使用现代信息技术手段将教学内容灌输给学生，从本质上来说，它与"人灌"无异，只是灌输的工具发生了变化。为培养创造性人才，促进培养对象知识素养、能力素养以及综合素质的提升，必须打破"人灌"和"电灌"的限制，真正利用现代教育技术来培养全面发展的人才，这是教育信息化 2.0 时代教育教学改革和人才培养的基本导向。

总之，实施教育信息化改革，必须强调教育的开放性、适宜性、人本性、平等性和持续性，以先进的教育技术重建教育价值、校园文化，重点培养学生的核心素养，促进学生全面协调发展，满足信息时代社会发展对新型人才的基本需要。

第二节　健美操网络教学平台的优越性

一、能够体现"主导"与"主体"的作用

当前，在健美操教学中，学生的自主学习能力普遍不高，采用的学习策略较为单一，学习策略的水平也不高，从而严重制约了自主学习的结果。而构建健美操网络教学平台，主要强调学生学习的自主性，要求学生根据自身情况对自己的学习目标予以确定，制订适合自己的学习计划，选择实用的学习方法，并对自己的学习过程进行监控，对学习结果作自我评价。可见，网络教学对学生的学习策略、学习方式非常关注和重视，充分体现了尊重学生的主体地位，引导学生发挥自身的主导作用。在健美操网络教学中，教师作为发挥主导作用的重要角色，主要任务是让学生学会学习，对学生的学习能力进行培养。

在健美操传统教学平台中，也就是课堂教学中，教师的主导地位非常明显，主导作用的发挥也是通过显性教学行为体现出来的，而在网络教学平台中，教师虽依然是教学主导者，发挥主导作用，但主导作用则主要体现在一些隐性的教学行为中，比如课下进行教学设计，为学生创设良好的网络学习环境，设置能够引起学生好奇心的问题情境，留出时间与空间让学生自主学习和探究，等等。由此可见，网络教学平台以学生的学习为主，和传统课堂教学有着根本的不同。

健美操网络教学平台的出现是对传统课堂教学的重大突破和挑战，该平台对学生学习和教师教学的影响主要是通过与传统课堂的对比体现出来的。具体而言，网络教学平台对教师教学的影响表现在以下几个方面：

（1）教师扮演的是学习的组织者和帮助者，不再一味机械式地传

授知识和给出结论。

（2）教师为学生自主解决问题提供指导和帮助，如指出思路，创造条件，提供机会，给出建议等。

（3）教师能够采用个别指导法指导不同的个体，真正做到因材施教。

（4）教师采用的教学方法主要是培养学生的知识建构能力、信息获取与分析能力、实践能力。

网络教学平台对学生学习的影响表现在以下几方面：

（1）学生有比较强烈的主动学习意向。

（2）学生形成了内在学习动机，学习更持久。

（3）学生的学习效率显著提高。

（4）学生能够从学习中产生愉悦感。

（5）学生独立学习能力得到提升。

（6）学生分析与解决问题的能力明显提高。

（7）学生产生了一些具有批判性和创造性的思维。

（8）学生倾向于自主探索解决问题的方法，而不是被动接受结论。

总之，健美操网络教学平台对教师的教和学生的学都产生了重大的影响，能够充分体现教师不一样的主导性和学生突出的主体性。

二、能够促进课堂内、外的互补与统一

健美操网络教学平台突破了传统的以班级为单位的集体课堂授课的局限，促进了课堂空间的延伸，学生可以对信息设备终端自行操作，通过自主学习体验网络学习环境带来的愉悦感和满足感，使学习过程更顺利，效率更高。健美操网络教学无论从时空上还是从教学内容和方法上，都与传统课堂教学互补，相互统一。通过课堂内外的互补，能够更好地拓展教学内容，突出教学重点，提高教学效率，优化教学效果，还能有更多的时间对学生的课外学习进行指导和监督，保证学生的学习效果。

健美操网络教学平台实现课堂内与课堂外的互补、统一的优势还体现在为教师的课前准备和学生的课后复习提供了便利。上课前，教师可以利用网络技术设计电子教案，这样既节省了时间，提高了效率，而且也能使健美操教师利用这个机会提升自己的信息化教学能力。此

外，教师运用多媒体手段保存课堂教学资源，学生在课后可以利用终端设备继续学习与巩固，这能够为学生自主学习提供便利。而且学生课后复习与巩固时，教师也可以在线指导，帮助学生解决问题。在学期末或学年末进行教学总结时，将课堂教学与网络辅导相结合，能够更好地理清脉络，归纳问题，总结经验，从而向下一个阶段的教学平稳过渡。

构建健美操网络教学平台，在促进课堂内与外统一和互补方面还体现在有助于学生的评价，能够更好地监控学生的学习过程，并根据学生的学习结果对课堂教学策略进行调整与优化。当完成某一教学任务后，可以利用网络的反馈技术来了解学生的学习情况、教师的教学效果以及教学目标的达成程度等，而课堂教学中存在的问题则能够通过学生在线交互情况、在线测验结果等方式体现出来，从而为教师改进课堂教学策略和模式提供真实可靠的信息。

三、能够节约与高效利用教育资源

传统健美操教学中存在教学场地设施不足、专业师资不足、班级学生多而难以个别指导等问题，这显然对健美操教学的顺利实施造成了不利影响，制约了最终的教学效果。而构建健美操网络教学平台能够解决传统教学中的一些问题，如促进教学器材设备利用率的提升，一定程度上解决了随意占用资源的问题；学生在网络教学平台上可以随时学习，能够解决传统教学中课堂教学时间短，教师不方便个别指导的问题。通过网络教学，还能促进教学资源共享，解决教学资源不足的问题。

总之，健美操网络教学平台与传统课堂教学相比具有自身独特的优越性，具有传统课堂教学不可比拟的优势。构建健美操网络教学平台，能够使学生通过随时自主学习掌握健美操基础知识、基本动作，并形成一定的创编能力，最终促进学生健美操综合素养的提升。

第三节 健美操网络教学平台的开发与设计

一、健美操网络教学平台开发与设计的指导思想

开发设计健美操网络教学平台，需要遵循科学理论的指导，树立科学的指导思想和先进的教学理念。能够为健美操网络教学平台开发与设计提供重要指导的教育思想主要包括以下几种：

（一）以人为本

健美操网络教学平台的开发设计应坚持以人为本这一重要教育思想的指导，以学生的学习与发展为中心，必须根据学生的身心发展规律、身体健康水平以及健美操基础水平设计网络教学平台，要兼顾不同水平层次、不同个性特征的不同需求。此外，要通过选编时尚流行的健美操教学内容、采用丰富多样的网络教学手段来培养学生的学习兴趣，调动学生的学习积极性，并为学生学习健美操知识与技能创建优良的网络学习环境。

（二）素质教育

素质教育倡导学校教育要关注学生的全面发展，既要促进学生身心健康发展，又要培养学生的实践能力，并促进学生个性的发挥。开发设计健美操网络教学平台要确立素质教育的指导思想，通过网络教学培养学生的健美操知识素养、技能素养，培养学生的意志品质、个性特征以及良好学习习惯，最终促进学生各项素质全面、平衡地发展。

（三）理论联系实际

对健美操网络教学平台的设计还必须坚持理论联系实际这一科学

思想的指导。具体来说，就是要将贴近学生实际生活的、能够满足学生兴趣爱好和学习需求的健美操教学内容合理安排在网络教学的不同阶段，配合相应的教学方法，使学生充分掌握健美操理论知识和技术动作。

二、健美操网络教学平台开发与设计的原则

健美操网络教学平台的开发与设计要严格贯彻实用性、交互性和发展性三项基本原则。

（一）实用性原则

实用性是指所开发与设计的健美操网络教学平台应该具有广泛的适用性，贴合学校健美操教学的实际情况，能够调动学生主动学习的积极性。贯彻实用性原则，要求平台开发人员从学校健美操教学实际情况出发，对健美操教学的软件资源条件、硬件设施条件，以及学生的实际情况、教师的教学能力等进行综合考虑，与这些实际紧密结合进行开发设计，确保开发的网络教学平台能够解决传统健美操教学的问题，能够在实践应用中取得良好的效果。

此外，贯彻实用性原则，还要求平台的功能是实用的，便于学生操作，不需要多美观，但要保证每个功能模块都对教师的教和学生的学有利，能够给教师和学生带来极大的便利。

（二）交互性原则

网络教学平台最大的特点就是交互性，开发设计健美操网络教学平台要贯彻交互性原则，强调平台的互动交流功能，要便于师生平等对话，便于学生之间合作。这样能够使教师及时了解学生的需求和问题，及时提供指导和帮助，也能便于学生交流，促进合作学习。

（三）发展性原则

现代网络技术日新月异，健美操技术也在不断发展，因而基于现

代网络技术建设健美操网络教学平台时也要有长远的发展眼光，贯彻发展性原则。平台的设计不是一蹴而就的，需要一个长期的过程，而且即使平台设计好了，也需要在实践应用中进行检验，发现不足，不断完善。平台的功能模块也要随着网络技术的发展、健美操教学的发展而不断调整、优化，总之要有助于健美操网络教学平台的持久使用和教学的持续发展。

三、健美操网络教学平台功能模块的设计

设计健美操网络教学平台是一个复杂的系统工程，在这个工程中，功能模块的设计是重中之重，一个完整网络教学平台应该包含哪些模块，要根据教学目标和教学需要而定。下面简单分析健美操网络教学平台中几个比较重要的功能模块。

（一）教学内容呈现模块

该模块包括课程简介、教学大纲、教学内容、教学章节和知识点、学习目标等，内容的组织结构、呈现方式应直观一些，便于浏览。教学内容的呈现应该具有系统性、逻辑性和层次性，内容必须准确无误，适当简洁一些，与学生的认知水平相符。

（二）教学管理模块

教学管理模块包括以下两方面的管理：

1. 教务管理

教务管理的内容包括注册登记、学生个人账号和密码、权限设置、个人学习资料、学习情况、访问记录、考试成绩统计与分析等。在教务管理中，也可以告知学生相应的管理信息、教学要求等信息，做好沟通，使学生配合管理，为教学和管理提供方便。

2. 教学管理

教学管理模块主要是公布课程教学要求，主要教学内容、教学重

难点、教学阶段。学生可以根据课程教学要求，为自己制订学习计划。在教学管理模块的设计中要考虑与教务管理的协调统一，将其打造成为教学服务性信息交流辅助系统，具体要结合课程实施的条件和实际教学需要而进行，可以选择的辅助呈现方式有论坛、公告等。

为配合教学管理的顺利实施，还需要设计严密的系统管理功能模块，具体管理内容涉及用户账号管理、用户授权和认证管理、网络故障管理、网络安全管理等。

（三）交流讨论模块

健美操网络教学平台为健美操教师和学生搭建了畅通便捷的交流平台，营造了平等和谐的教学氛围，教师与学生之间可以实现无阻碍交流和互动，可以反馈教学信息，及时解决问题。此外，教师和学生还可以相互评价，向对方给出建议或提出意见，从而共同促进健美操网络教学的顺利实施及良好教学效果的获取。师生之间进行交流、互动、评价的网络工具主要有 QQ、微信、腾讯会议、超星慕课等。

（四）资料区模块

资料区功能模块主要呈现的是与健美操教学内容相关的丰富资料，既有教师需要的教学资料，也有学生需要的学习资料，如教学视频、学习网站等，该模块提供的资料可成为基本教学内容的延伸与拓展内容，应该是丰富有趣的、有教育价值和实用性的，能够吸引教师与学生主动获取和学习，从而拓宽师生的视野，提高教师的专业教学能力和学生的健美操综合素养。

第四节　教育信息化背景下健美操网络课程教学设计

健美操网络课程是一种开放式的课程模式，与传统健美操课程教学的封闭模式不同。作为现代教育技术与健美操课程融合的产物，健美操网络课程为提高健美操教学质量和效果开辟了有效的手段和渠道。设计健美操网络课程，必然要以网络为平台，以实现学生自主学习为主要目的。本节重点对健美操网络课程教学设计的理论与操作展开研究。

一、健美操网络课程教学设计原则

网络教学有其自身的特征，有不同于传统教学的独特性，因此网络课程教学设计自然与传统课程教学设计有区别。在健美操网络课程设计中，健美操教师应遵循教育学原理和心理学原理，并依据传播理论进行创新设计，具体在设计中要贯彻以下几条重要原则：

（一）自主性原则

健美操网络课程学习活动是在师生分离的情况下实施的，学生作为网络课程学习的主体，主要学习形式是利用网络资源自学。所以要重视学生的主体地位和作用，体现学生学习的个性化特点，尊重学生自主学习的权利，发挥学生的能动精神。为提高学生自主学习能力，可为其提供灵活多样的检索方式、设计供学生随堂使用的电子笔记本、让学生构建作品和进行自我评价等。

（二）交互性原则

在健美操网络课程教学中，师生不会面对面互动，师生处于分离状态。为了方便师生交流，使师生互动的效果不亚于面对面互动，在网络课程教学设计中要将网络技术的功能和优势充分利用起来，对虚拟教学环境进行创设，营造良好的网络教学氛围，为师生进行线上交流和讨论问题提供良好的条件。

（三）开放性原则

随着现代信息科技的迅猛发展，尤其是信息存储技术、传输技术的发展与渗透，使得人人都能遨游于知识的海洋中，每个人身边都有巨大的知识库。这充分体现了网络资源的开放性。利用网络的开放性进行健美操网络课程教学设计，为学生提供丰富的学习资料，从多个角度描述与解释学习内容，从而提高学生的拓展思维能力和分析能力。

（四）多媒体化原则

不同的学生因为个人学习习惯的不同，在获取信息的渠道方面也有所差异，有的学生喜欢通过听来获取自己需要的信息，我们将其称为听觉性的学生；有的学生喜欢通过观看图像、文字来获取和保留信息，我们称其为视觉性学习者；等等。随着现代网络课程中计算机技术的深入渗透，使网络课程中的学习内容具有图、文、声、像并茂的特征，这对提高知识信息的传播效率和效果具有重要意义。

在健美操网络课程教学设计中，应该从学生的学习习惯、学习风格出发，以学习内容为中心，将知识信息以丰富的形式呈现与传播，使现代教学媒体的优势得到充分发挥，促进学生健美操学习效率的提升和学习效果的改善。

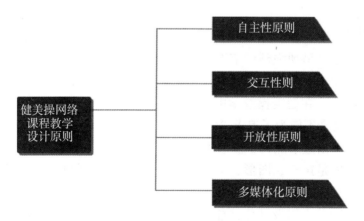

图 6-1　健美操网络课程教学设计原则

二、健美操网络课程教学策略设计

（一）教学内容组织策略

1.学生主体策略

应用多媒体教学，以启发学生自主—合作—探究的学习方式为主，让学生主动参与课堂教学过程，学生的主体地位更加突出，教学过程中，健美操以多种信息媒介完美融合在一起，便于学生更容易掌握健美操动作技能的变化过程，人机交互作用使学生成为多媒体环境下健美操学习的主动者。

主体性策略注重学生自我发展，尊重学生主体地位，学生的主观能动性提高。在健美操教学设计中，要摒弃传统的"填鸭式"教学方式，真正让学生成为知识的接受者，更要成为学习过程的参与者，让学生积极主动地学习，大胆质疑，在主动学习中获得知识，做到以发展学生的主体性为中心组织教学。

2.媒体引用适度策略

健美操是呈现强烈的节奏性和高度的艺术性的身体活动，学生在练习过程中锻炼身体，享受"美"的艺术，提升"美"的意识和艺术修养。因此，在健美操教学中引入多媒体，对健美操教学效果具有促进作用。但是不能为了追求"形式"而喧宾夺主，注意引用的实用性，引用内容突出重难点，不能滥用。

多媒体是声音、图形、动画、视频和其他媒体的整合，在健美操动作技能教学中教师用身体语言难以表达运动技能的形成过程、运动路线、运动节奏以及动作技能与音乐的整体配合性，而多媒体可以做到这些，因此，许多教师在使用多媒体辅助健美操课堂教学。但并不是所有的健美操技能都适合用多媒体来辅助讲解，过分依赖多媒体会占用过多的课堂教学时间，过于花哨的课件也会分散学生学习的注意力。总之，多媒体是教师的好帮手，只有合理使用才能充分发挥其价值。

3. 整合协调策略

在学校健美操教学中，利用多媒体交互性集成的特点，将动作技能之间看似不相关的表现结合为一种新的技能的学习，也可以称作认知"替换"。相互交互能够使动作技能学习更容易，提高学生的认知度。例如，"一字步"和"V字步"，表面看是两个步伐，其实可以看成踏步的变形，用多媒体同时展现着三种步伐的路线，会发现就是踏步"变形记"，原地是踏步，方向向前向后为"一字步"；左右交替"V字步"。

（二）教学互动策略

1. 人机互动

在多媒体环境下进行健美操教学，网络资源或影像资料的使用成为不可或缺的部分。课堂中，学生除了通过观看教师示范进行动作学习，大部分时间都通过多媒体视频进行自主、探究式学习，小组成员通过对视频动作的理解和认识，熟练技能学习的过程，不断提高学习的主动性，并通过合作学习互相帮助，共同进步。在学生的随机学练过程中，影像资料成了学生学习的指导者，通过反复观看资料，不但能加深动作的记忆，还能增强动作的标准化、细致化。

2. 师生互动

健美操课堂中引入多媒体教学手段，教师有更多的时间用于指导学生学习，关注学生的学习效果，及时解决学生学习中出现的问题，加强师生的交流。课堂中应用媒体教学，教师根据媒体呈现的视听画面合理提问，学生回答，及时反馈信息，及时启发和点拨学习中遇到困难的学生。虽然多媒体教学中增加了人机的互动，但是教师仍然是学生学习的"领路人""启发者"。所以，媒体成了师生互动的背景，促进了师生间的情感交流，形成了朋友式的和谐师生关系，在这种和谐师生关系的驱使下，学生由被动上健美操课变成主动上课，达到自觉锻炼、积极主动学习的目的。

3.生生互动

多媒体教学环境中,教师教学应该只占课堂教学时间的一小部分,大部分时间留给学生,让学生在学习过程中加强相互之间的沟通,有机会互相学习,激励学生间共同发展,我们将此称为"共生效应"。

生生互动学习,以多媒体技术为技术基础和环境支持,在实际教学中,利用多媒体创设情境,身临其境的学习环境使学生学习健美操变得轻松愉快,学生互动是一种创造性的探索过程,互动学习能提高学生之间的通信效率,提高学生合作解决问题的能力,并提高学生的创新能力,从而取得良好的学习效果。

(三)教学评价策略

1.自主评价,形成习惯

自主性是做任何事情的情感支撑,是主观能动性的体现,是体育教学模式转变的方向,是实现多媒体环境下学生学习目标的重要条件。

评价是教学的重要环节,合理的评价能激发学生学习的兴趣,强化学生自主学习的态度,是学习效果的集中体现,是对学生学习过程的肯定。但是,评价要客观、多元化,不能只重视学习成绩、轻视学习过程,应注重学生生理和心理的全面发展。在对学生实施评价的过程当中,给予更多的肯定是十分重要的,多给予学生鼓励,提升其自信心,引导和培养学生进行自主学习的习惯。当学生在学习过程中遇到挫折时,教师要给予充分的鼓励,帮助他们克服困难;当学生取得良好的学习成绩时,教师及时给予肯定,并鼓励他们继续努力,争取更好的成绩。

多媒体环境下的健美操教学中,学生是学习的主体,是执行学习任务的主体,学生自主学习时间增加,自主学习态度不断强化,积极参与健美操运动,经过自主学习完成健美操技能的学习,从而实现身心的全面发展,并提高自己的审美素养。

2.媒体互助,及时评价

学生在学习过程中通过观看现场教学录像掌握动作技能,同时教师也会在学生练习时为他们录制视频，然后与教学视频作对比，从而及时发现学生的问题，获得真实的反馈信息，帮助学生改进动作和提高学习效果。

三、健美操网络课程教学设计的注意事项

在健美操网络课程教学设计中，为保证设计的科学性和实用性，要对以下几方面的问题加以注意：

（一）注重教育理论的科学指导

传统健美操课程教学中，师生面对面互动，教师可以根据实际情况实时调整教学过程。而健美操网络课程教学中，师生分离，教师难以根据学生的学习情况第一时间调整教学活动。为了弥补健美操网络课程教学的这一不足，防止不断出现意外情况，在网络课程教学设计中要坚持现代教育理论的科学指导，使课程设计与学生的特征、需要高度符合。

在健美操网络课程教学设计中，建构主义学习理论、认知主义学习理论、行为主义学习理论等都是非常值得参照的现代教育理论，这些理论的不断发展与成熟对健美操网络课程教学设计与实践起到了重要作用，除了参考这些教育理论外，在教学设计中引进心理学领域的新观念也是非常必要的，这对完善健美操教学设计具有重要意义。

（二）按照网络的特点进行设计

随着现代远程教育的不断发展，网络课程作为一种新的课程形式在高校教育中渐渐得到普及与推广。网络课程的特点是以网络为教学媒体，教学活动中以呈现学习内容为主。

有学者指出，任何学科教学过程的结构要素都可以概括为 6 个方面，分别是教学目标、教学内容、教学媒体、教学方法、社会文化的先决条件（多指社会意识形态、政策、环境等）以及个体的先决条件（多指学生的个人情况）等。不管是传统课程还是网络课程，在教学过程中涉及的内在结构要素不外乎就是这几个方面，但传统课程与网络课

程毕竟是两种不同的课程形式,它们的结构因素也存在本质上的区别,课程设计者着手健美操网络课程教学设计时,必须按照网络的特征去设计,发挥网络的优势,体现各个结构要素的网络化特征。

(三)清楚学习者的特点和需要

健美操网络课程教学在培养学生健美操综合素养方面具有重要作用。在网络课程教学中,学生作为学习主体利用网络资源进行自主学习,是主要的学习方式。认知心理学理论指出,简单地从外界接收知识并不意味着就获得了知识,面对复杂的外界知识时,学生若能够自主选择信息,主动理解信息,才能实现意义学习,才能真正获得知识。学生的认知结构是其进行意义学习的基础,学生先获得的知识会影响其之后对其他知识的学习与获得。从这一原理来看,在健美操网络课程教学设计中,教师对学生学习特征、学习需要进行分析非常必要。

健美操教师必须基于对学习者特征与需要的了解来设计网络课程教学,网络课程的教学起点应该放在学习者原有的知识水平和认知结构上,在此基础上考虑网络知识结构与学生认知结构是否协调、适应,从而保证学生更好地接收与理解新知识,完善原有的认知结构,并在获得新知识的同时建立新的认知结构。

总之,在健美操网络课程教学设计中,必须从学生的学习特征、学习需要出发对课程内容、学习活动、学习评价方式进行设计与确定,从而更好地保证学生通过自主学习而顺利达到学习目标。

(四)主导与主体相结合

健美操网络课程教学质量在很大程度上由网络课程教学设计决定,健美操课程设计的传统模式具有过分强调教师的主导地位而忽视学生主体地位的弊端,传统模式错误地围绕教师这个中心来进行教学设计,学生没有机会发挥自己的主观能动性。

网络课程设计要克服传统课程设计的弊端,强调学生的中心地位和主体性,强调尊重并充分发挥学生的主动性和创造性,使学生改变被动学习状态。在关于网络课程教学策略的设计中,要体现出教学策略的协作性、互动性,创设能够启发学生思考的问题情境。最终确定的网络课程设计流程与模式要能够发挥出导向功能，为健美操教师实施网络课程教学提供科学指导。

需要注意的是，在强调学生主体性的同时，我们也不能忽视教师的价值，只有让教师发挥自己的主导作用，才能充分落实网络课程教学设计中每个环节的具体工作。

综上，在健美操网络课程教学设计中，要将主导与主体同时重视起来，并正确处理二者的关系。

（五）加强多方合作

健美操网络课程的教学过程主要包括设计和开发学习资源、学习支持这两个阶段。其中设计与开发学习资源需要多方合作才能实现。在这一阶段，设计者要先全面了解学生的学习特点、学习需要，然后科学合理地设计学习内容，并邀请经验丰富的优秀体育教师筛选学习内容。在现有网络环境下，教师设计的网络课程能否顺利实施，选择的媒体能否充分发挥预期作用，课程开发的成本是否在预算范围内，等等，这些都需要相关专家的参与才能达到令人满意的效果。可见，在健美操网络课程教学设计中必须重视多方合作，发挥有关领域专业人士的积极作用。

第五节　健美操网络教学平台的实践应用

一、健美操网络教学平台实践应用的程序

健美操网络教学平台的实践应用包含下列三个阶段：

（一）课前准备

在课前准备阶段网络教学平台的应用流程为：教师利用手机或电脑进行课前方案实施的准备，提前将课时计划方案通知学生，发布课

堂教学中的相关教学资源、教学课件和教学视频，给学生布置任务，提前让学生预习即将学习的内容。

（二）课中实施

一节完整的健美操课通常由开始→准备→基本→结束4个部分组成。

1. 开始部分

在开始部分教师可通过网络软件发布签到信息，让学生进行课堂签到。

2. 准备部分

在准备部分，教师运用多媒体辅助学生进行热身准备，多媒体技术的加入能让学生更好地融入学习氛围，调动学生学习的积极性。

3. 基本部分

在基本部分，也就是技术动作教学环节，学生面对新授知识时，教学过程进展难免会很慢，这时候教师就可以利用网络教学平台进行视频教学，视频播放中可将播放速度降低，便于学生仔细观察技术动作的细节，让学生高效掌握正确的健美操技术动作要领。学生自主练习阶段，教师可以循环播放教学视频，这有利于学生能实时发现自己的错误，降低动作错误的发生率。

4. 结束部分

在结束部分，学生通过多媒体的辅助进行放松练习，教师线上布置课后作业，学生也可通过线上进行学习反馈，使教师了解学生学习的问题，并及时解决。

（三）课下评价

课后教师和学生进行自我反思，互相进行点评，提出建议，教师根据学生的反馈对教学方案进行调整，保证下次课能达到更好的教学效果。

二、提高健美操网络教学平台实践应用效果的策略

（一）积极推进实践应用

健美操网络教学平台的设计、开发的最终目标是在实践中应用，提高健美操教学质量与效率。健美操网络教学平台建设是一项十分艰巨的系统工程，应从教学实践和教学效果出发，通过教学实践积累和完善，并根据实践经验总结，改进网络课程的设计、制作方法和教学应用模式，从而提高网络教学平台的开发效率和网络教学质量，探索出一套基于互联网环境下从事健美操专业教学的理论。学校已有体育网络课程投入教学应用的实践经验能够为健美操网络教学平台的实践应用提供借鉴和参考。

（二）加强对健美操教师的教育技术培训

高质量的健美操网络课程教学需要具有专业素养的健美操教师去实施，要帮助教师适应信息化教育的发展趋势，加强师资培训，使教师重新审视传统教学观念和课堂模式，研究并发挥网络教学的特点和优势，真正做到教育现代化。学校要长期组织健美操教师进行现代教育技术培训，提升健美操教师的信息素养和信息化教学能力。

（三）促进健美操教学资源的共建与共享

大力提倡校际合作共建资源和交流互用，推动健美操教学资源共享的逐步实现。健美操资源的共建需要整合健美操教师队伍的力量，发挥团队精神，分工协作，以课题组的形式推进健美操网络教学平台建设，同时，将公共资源库与个人资源库相结合。网络平台资源的开放性、共享性使校际间的资源共享、学术交流更方便，使优质健美操教学资源得到充分利用，形成规模效益。在网络教学资源的共享与管理方面，以校园内教学资源的共享与管理为主，此外，还要促进区域全国高校教学资源共享。

参考文献

[1] 王操惠.高校健美操文化与训练实践研究 [M].北京：北京出版社，2023.

[2] 欧鹏飞.健美操文化要义与教育研究 [M].北京：中国原子能出版社，2016.

[3] 严美萍.高校健美操与校园体育文化的协同发展研究 [M].长春：吉林大学出版社，2019.

[4] 房媛媛，张淑媛，张雪敏.健美操在高等学校普及给学生带来的身心影响 [J].新课程（教育学术），2012（03）：166.

[5] 杨洋.校园健美操运动的普及与发展对策研究 [J].赤峰学院学报（自然科学版），2016，32（05）：189-190.

[6] 来进红.如何在有限的场地内上好选项健美操课 [J].品牌（理论月刊），2010（11）：56.

[7] 王海英，吕进.健美操运动的现状及健美器材标准化研究 [J].大众标准化，2021，356（21）：2-4.

[8] 华永兰.面向校园的健美操教学训练一体化器材铸造工艺研究 [J].特种铸造及有色合金，2021，41（11）：1459-1460.

[9] 易清，周平.湖南省中小学生健美操培训基地现状调查研究 [J].农技服务，2012，29（08）：991-992.

[10] 李凡，郭丽娟.临汾市青少年健美操训练基地发展战略的 SWOT 分析 [J].青少年体育，2021，94（02）：81-83.

[11] 王运武，黄荣怀，杨萍等.改革开放 40 年：教育信息化从 1.0 到 2.0 的嬗变与超越 [J].中国医学教育技术，2019，33（01）：1-7.

[12] 张鲁燕.普通高校健美操网络教学系统开发研究 [D].苏州大学，2013.

[13] 王怡 . 网络平台建设对健美操教学影响的研究 [D]. 中国海洋大学，2015.

[14] 胡欢，杨乙元，杨欢等 . 健美操网络教学平台设计与构建研究 [J]. 运动精品，2021，40（12）：37-40.

[15] 查春华 . 健美操网络课程设计及其教学实践应用的研究 [D]. 北京体育大学，2005.

[16] 李豫颖 . 信息技术教学论 [M]. 厦门：厦门大学出版社，2008.

[17] 师书恩 . 信息技术教学应用 [M]. 北京：高等教育出版社，2004.

[18] 张会丽 . 教育信息化 2.0 时代的智慧教学新探索 [M]. 长春：吉林科学技术出版社，2019.

[19] 赵静晓 . 健美操教学训练系统设计与方法研究 [M]. 太原：山西经济出版社，2019.

[20] 陈瑛玉 . 健美操教学理论与训练方法研究 [M]. 长春：东北师范大学出版社，2019.

[21] 王敏，聂惠敏，吕诗蒙 . 高校健美操教学模式与训练方法研究 [M]. 长春：吉林大学出版社，2017.

[22] 杨清华 . 高校健美操有效教学设计与方法探索 [M]. 长春：吉林大学出版社，2018.

[23] 韩月清 . 高校健美操教学模式改革研究 [M]. 长春：吉林大学出版社，2020.

[24] 孟微 . 基于建构主义的普通高校健美操教学模式实验研究 [M]. 徐州：中国矿业大学出版社，2012.

[25] 王欣 . 高校健美操课程优化教学模式研究 [M]. 北京：光明日报出版社，2016.

[26] 于艳 . 健美操创编能力与培养 [M]. 成都：电子科技大学出版社，2018.

[27] 马鸿韬 . 健美操创编理论与实践 [M]. 北京：高等教育出版社，2004.

[28] 周怀球，刘洋，曹国强 . 健美操运动创编与项目教学设计 [M]. 北京：九州出版社，2018.

[29] 宁宇航 . 北京市高等体育院校健美操教学中落实"课程思政"理念的发展对策研究 [D]. 首都体育学院，2022.

[30] 李亚丽 . 高校健美操教学中落实课程思政教育的实践路径探析 [J]. 品位·经典，2022（02）：143-145.

[31] 何红娟 . "思政课程"到"课程思政"发展的内在逻辑及建构策略 [J]. 思想政治教育研究，2017，33（05）：60-64.

[32] 向延平 . 高校课程思政体系研究 [J]. 滨州学院学报，2021，37（01）：66-70.

[33] 周晔，陈茜 . 建构"课程思政"育人体系 [J]. 北京教育（高教），2022，951（01）：69-71.

[34] 王艳辉，张淑娟，汤艳玲等 . 课程思政教育的背景和意义 [J]. 畜牧兽医科技信息，2022，542（02）：21-23.

[35] 葛菁，邵恩乐，陈珊等 . 课程思政对健美操课程的影响 [J]. 牡丹江师范学院学报（自然科学版），2021，117（04）：65-67.

[36] 刘汉玲 . 课程思政视域下高校健美操的教学改革路径探讨 [J]. 尚舞，2020（12）：98-99.

[37] 冯岩 . 高校健美操"课程思政"教学实施路径研究 [D]. 郑州大学，2021.

[38] 张惠芳 . 对建构新型高校健美操课程资源开发与利用模式的研究 [J]. 运动，2017，165（13）：99-100.

[39] 卓志伟 . 普通高校健美操课程资源开发与利用的模式研究 [J]. 体育科技，2015，36（03）：166-168.

[40] 王美英 . 北京体育大学体育教育专业健美操课程资源开发利用的研究 [D]. 北京体育大学，2008.

[41] 居杨 . 高职院校健美操课程资源开发新模式的建构 [J]. 体育世界（学术版），2014，731（05）：91-92.

[42] 张岚，田颖华 . 健身健美操教程 [M]. 武汉：华中科技大学出版社，2009.

[43] 王丽娜 . 高校时尚健身健美操训练探索 [M]. 徐州：中国矿业大学出版社，2018.

[44]《健美操运动教程》编写组编 . 健美操运动教程 [M]. 北京：北京体育人学出版社，2014.

[45] 李启迪，邵德伟 . 体育教学基本理论研究 [M]. 北京：北京师范大学出版社，2014.

[46] 赵晓玲 . 健美操教程 [M]. 重庆：重庆大学出版社，2017.

[47] 李少芳，朱艳 . 健美操的有效教学与系统训练研究 [M]. 北京：九州出版社，2017.

[48] 陈启琴 . 微课技术在高校健美操专项教学中的应用研究 [D]. 陕西师范大学，2017.

[49] 田舒雅 ."三段式"任务驱动教学法在普通高校健美操公选课教学中的应用研究 [D]. 云南师范大学，2019.